16	3	2	13
5	10	11	8
9	6	7	12
4	15	14	1

Cristina Peri Rossi

NOSSA VINGANÇA
É O AMOR
Antologia poética (1971-2024)

Organização e tradução
Ayelén Medail e Cide Piquet

Posfácio
Ayelén Medail

Edição bilíngue

editora■34

EDITORA 34

Editora 34 Ltda.
Rua Hungria, 592 Jardim Europa CEP 01455-000
São Paulo - SP Brasil Tel/Fax (11) 3811-6777 www.editora34.com.br

Copyright © Editora 34 Ltda. (edição brasileira), 2025
Nossa vingança é o amor: antologia poética (1971-2024) © Cristina Peri Rossi, 2025
Tradução © Ayelén Medail e Cide Piquet, 2025

A FOTOCÓPIA DE QUALQUER FOLHA DESTE LIVRO É ILEGAL E CONFIGURA UMA
APROPRIAÇÃO INDEVIDA DOS DIREITOS INTELECTUAIS E PATRIMONIAIS DO AUTOR.

Imagem da capa:
Cristina Peri Rossi em retrato de Marcelo Isarrualde, Montevidéu, 17/12/1988

Capa, projeto gráfico e editoração eletrônica:
Franciosi & Malta Produção Gráfica

Preparação:
Diuliane de Castilhos

Revisão:
Alberto Martins, Fabrício Corsaletti

1ª Edição - 2025, 2ª Edição - 2025

CIP - Brasil. Catalogação-na-Fonte
(Sindicato Nacional dos Editores de Livros, RJ, Brasil)

Peri Rossi, Cristina, 1941

P598n   Nossa vingança é o amor: antologia poética
(1971-2024) / Cristina Peri Rossi; organização
e tradução de Ayelén Medail e Cide Piquet;
posfácio de Ayelén Medail; edição bilíngue —
São Paulo: Editora 34, 2025 (2ª Edição).
400 p.

Texto bilíngue, português e espanhol

ISBN 978-65-5525-242-2

1. Poesia uruguaia contemporânea.
I. Medail, Ayelén. II. Piquet, Cide. III. Título.

CDD - 861.U

NOSSA VINGANÇA É O AMOR
Antologia poética (1971-2024)

Nota dos tradutores 7

De *Evoé* (1971) 11
De *Descrição de um naufrágio* (1975)...................................... 23
De *Estado de exílio* (1973-1975)... 33
De *Diáspora* (1976) 49
De *Linguística geral* (1979) 59
De *Europa depois da chuva* (1987) 67
De *Babel bárbara* (1991)... 79
De *Outra vez Eros* (1994) 89
De *Aquela noite* (1996) 101
De *Imobilidade dos barcos* (1997) 113
De *As musas inquietantes* (1999) 125
De *Estratégias do desejo* (2004) 133
De *Quarto de hotel* (2007).. 151
De *Playstation* (2009) 171
De *A noite e seu artifício* (2014) 191
De *As replicantes* (2016) 205
De *A roda da vida* (2023).. 219
De *Fata Morgana* (2024)... 237

Índice dos poemas.. 251
Poemas originais em espanhol.. 257
Índice dos poemas originais em espanhol 370
Discurso de Cristina Peri Rossi para o Prêmio Cervantes 2021 375

Posfácio, *Ayelén Medail* 381

Bibliografia completa de Cristina Peri Rossi 391
Sobre a autora... 395
Sobre os tradutores 397

NOTA DOS TRADUTORES

Amar é traduzir
— trair.

Nostálgicos para sempre
do paraíso antes de Babel.

Cristina Peri Rossi

Há livros que encontram maneiras curiosas, até misteriosas, de vir à luz. No caso da poesia de Cristina Peri Rossi — essa grande poeta latino-americana, nossa contemporânea, praticamente inédita no Brasil —, parafraseando um de seus poemas,[1] muitas coisas tiveram de acontecer para que este livro pudesse existir: a publicação de um artigo na revista *Piauí*, em 2022,[2] a curiosidade de um editor e tradutor de poesia, despertada por tal artigo, a paixão de uma pesquisadora e tradutora argentina residente no Brasil, um sarau de poesia antifascista, meses mais tarde, onde os dois se conheceram e descobriram seu interesse em comum pela poeta.

Num belíssimo ensaio sobre tradução, Cristina Peri Rossi, que também se dedica a esse ofício, escreve:

"Os tradutores por vocação, os que traduzem por amor ao livro e não por dinheiro, são verdadeiros apaixonados. O amor não é cego (afirmação que fez Sócrates de maneira radical: o apaixonado é quem melhor conhece o objeto de seu amor porque lhe presta uma atenção tão exclusiva, tão delicada, que chega a conhecê-lo melhor do que conhece a si mesmo) e o tradutor penetra (sou consciente da acepção sexual do termo) o texto como quem conquista um território, o exprime, o explora, o esmiúça para possuí-lo. Também é verdade que enfrentará um obstáculo inevitável: embora tenha lido o livro que o autor escreveu, enfrentará uma frustração: não existe tradução, só existe versão. Uma palavra em uma língua nunca soará igual em outra, com o que se perde uma

---

[1] Ver "História de um amor", p. 107.

[2] Anita Rivera Guerra, "O longo exílio", *Piauí*, edição 185, fev. 2022.

parte inestimável do texto, que é sua sonoridade. Uma língua é música."[3]

A presente tradução nasceu da admiração e do desejo de compartilhar a poesia de Cristina Peri Rossi com as leitoras e leitores brasileiros. Ela foi feita ao longo de mais de um ano por dois tradutores, cada um nativo de uma língua do par espanhol/português, os quais revisaram o trabalho um do outro diversas vezes e ainda contaram com revisões posteriores de colegas e colaboradores.

Se em qualquer tradução se coloca o problema da não equivalência absoluta entre as línguas (daí a ideia de que não existe tradução perfeita, que uma tradução sempre implica uma "traição"), no caso da poesia o desafio aumenta, uma vez que não se trata apenas de traduzir o "sentido" do texto. Como escreveu Walter Benjamin, o poético seria "aquilo que está numa obra para além do que é comunicado". A tarefa do tradutor, portanto, "consiste em encontrar na língua para a qual se traduz a intenção a partir da qual o eco do original é nela despertado".[4] Em outras palavras, diríamos que é preciso trabalhar o texto na língua de chegada até que a emoção despertada pela leitura da tradução seja a mais próxima possível da que nos despertou a leitura do poema original. Para isso, mais do que uma fidelidade estrita à letra, é importante que a tradução busque preservar o sentido mas ao mesmo tempo ecoe, em sua própria língua, algo da "música" do original, por meio de elementos como ritmo, tom, sonoridade, estilo.

No caso de Peri Rossi, seu estilo não é sempre o mesmo: "Ter um estilo é ter um só ângulo para observar a realidade", ao passo que "variar um estilo implica variar a relação com o mundo".[5] A cada fase, a cada livro, como se verá, o estilo adotado varia em boa medida.[6]

---

[3] "Traducir, amar", *Revista de la Academia Nacional de Letras*, Montevidéu, ano 2018, nº 14. Tradução nossa.

[4] Walter Benjamin, "A tarefa do tradutor", tradução de Susana Kampff Lages, em *Escritos sobre mito e linguagem*, São Paulo, Editora 34, 2011, pp. 102 e 112.

[5] Gustavo San Román, "Entrevista a Cristina Peri Rossi", *Revista Iberoamericana*, vol. LVIII, nº 160-161, 1992, p. 1043. Tradução nossa.

[6] "Escrevo com minhas vozes, não com minha voz, e se misturo gêneros e às vezes sou muito lírica em um romance e muito narrativa em um poema, é justamente para afirmar a liberdade da arte, a que não convém pôr moldes. A arte, por sorte, não é normativa. A verdadeira arte é sempre trangressora, inquietante, liberadora, ainda que aquilo que ela libere seja precisamente o que devemos reprimir para viver em sociedade." Cristina Peri Rossi,

Procurando ser sensíveis a tais variações, em lugar de adotar um estilo único para a tradução, tomamos liberdades quanto ao registro, norma e tom conforme a exigência de cada poema, como por exemplo no emprego variado dos pronomes "tu" e "você" (e seus respectivos pronomes oblíquos), cujos usos e combinações oscilam enormemente no Brasil.

Para esta antologia, tomamos por base a edição da *Poesía completa* (2021) e os dois livros seguintes da autora, que não entraram naquela edição: *La ronda de la vida* (2023) e *Fata Morgana* (2024), todos os três publicados pela editora espanhola Visor. Ao todo, são dezoito volumes publicados ao longo de quarenta e três anos.[7] Procurando dar uma mostra o mais reveladora possível de cada livro e do conjunto da obra, os 150 poemas que compõem *Nossa vingança é o amor* foram escolhidos a partir dos critérios de qualidade, traduzibilidade e representatividade dos principais temas abordados pela poeta (desejo e homoerotismo, exílio, política, feminismo, amor e desamor, memória, transgressão, metapoesia, écfrases, a passagem do tempo e a proximidade da morte etc.); mas também por sua capacidade de entrar em ressonância com a atual poesia brasileira.

Para uma visão mais detida sobre a obra e a trajetória de Peri Rossi, leia-se o posfácio de Ayelén Medail, "O trem do desejo". O volume traz ainda o discurso escrito pela autora por ocasião do Prêmio Cervantes 2021, um resumo biográfico e uma bibliografia completa.

*

Os tradutores agradecem a Tarso de Melo e Zilmara Pimentel, pela generosidade e incentivo, a Diuliane de Castilhos, pela colaboração intensa e dedicada em todas as fases da edição, desde a seleção até a revisão final do livro, a Diogo Cardoso, pela parceria poética durante a tradução, a Fabrício Corsaletti e Alberto Martins, pelas valiosas sugestões, e finalmente a Lil Castagnet e Cristina Peri Rossi, pela confiança e amabilidade ao longo de todo o processo de edição.

"Detente, instante, eres tan bello", in Jesús Gómez-de-Tejada (org.), *Erotismo, transgresión y exilio: las voces de Cristina Peri Rossi*, Sevilha, Editorial Universidad de Sevilla, 2017, p. 29. Tradução nossa.

[7] Ver, ao final do volume, a bibliografia completa de Cristina Peri Rossi.

De *Evoé* (1971)

Outra vez Eros que desata os membros
me tortura
doce e amargo
monstro invencível

Safo

A poesia é imprescindível, mas gostaria de saber para quê.

Jean Cocteau

DEDICATÓRIA

Lhe escrevi muitos poemas
na verdade até sofri um pouco por ela.
Outro dia a vi almoçando num bar
e o homem que a acompanhava
lhe atirava bolinhas de pão na cara.
Qualquer dia publico os poemas.

PRÓLOGO

As mulheres são livros que é preciso escrever
antes de morrer
antes de ser devorada
antes de acabar castrada.

CONVITE

Uma mulher me dança nos ouvidos
palavras da infância
eu a escuto
mansamente a observo
a observo cerimoniosamente
e se ela diz fumaça
se diz peixe que pegamos com a mão
se ela diz meu pai minha mãe meus irmãos
sinto deslizar desde a antiguidade
uma coisa indefinível
melaço de palavras
uma vez que ela, falando,
me conquistou
e assim me tem,
presa em suas letras
em suas sílabas e consoantes
como se a tivesse penetrado.
Assim presa ela me tem
murmurando-me coisas antigas
coisas que eu esqueci
coisas que nunca existiram
mas agora, ao pronunciá-las,
são um fato,
e falando me leva até a cama
aonde eu não queria ir
pela doçura da palavra *vem*.

Lendo o dicionário
encontrei uma palavra nova:
com gosto, com sarcasmo a pronuncio;
a apalpo, apalavro, cubro, decalco, pressiono,
a digo, encerro, lambo, toco-a com a ponta dos dedos,
tomo-lhe o peso, molho-a, aqueço-a entre as mãos,
a acaricio, conto-lhe coisas, a cerco, encurralo,
enfio-lhe um alfinete, a encho de espuma,

depois, como a uma puta,
expulso-a de casa.

GÊNESIS

Quando o Senhor apareceu
gigante, movendo-se serenamente entre todos os verdes,
Adão lhe pediu por favor
palavras com que nomeá-la.

GÊNESIS III

Então Adão a chamou,
deu-lhe nome,
feliz disse-lhe pomba,
peixe,
moabita mármore,
estátua que acaricio,
chamou-lhe frio e nostalgia.
Adriana, pássaro,
árvore
e minha alegria,
disse-lhe arcanjo,
adoradora,
chamou-lhe espuma dos mares, cardume, Ifianissa,
lúmen, montanha, lâmpada,
disse-lhe forma de mim mas sobretudo forma,
ânfora, cortesia, dama amabilis,
ósculo, pé de meu caminho,
disse-lhe donzela encerrada,
louvarei teu amor mais que aos castelos,
disse-lhe amizade e fragrância,
chamou-lhe voz dos vales,
eco de colinas,
amiga minha,

mas ela nada ouviu,
porque o Senhor a fizera surda.

Evoé

TEOREMA

Os poetas amam as palavras
e as mulheres amam os poetas
com o que fica demonstrado
que as mulheres amam a si mesmas.

As palavras

                    encadearam-me
                    subverteram-me
                    comoveram-me

Minha mulher   a palavra   suntuosa?
meu esposo   um artigo   suntuoso?
A palavra   minha mulher   me esgotam

        trançadas   me rasgam
                                         trançam de mim
                                         trançam para mim

Eu as vejo caminhar   minha mulher
                            a palavra

vão de mãos dadas   minha mulher
                            a palavra

de longe não poderia identificá-las   minha mulher
de perto as confundo   a palavra

Se é de noite   minha mulher
faço amor com elas   a palavra

de forma que as duas
ficam satisfeitas
consumadas
atracadas nos meus joelhos
                porque eu as tomei
                        agarrei
                        peguei

Eu as ordeno   minha mulher
                            a palavra

Dou-lhes um termo e prazo   minha mulher
                                        a palavra

Dou-lhes data e número   minha mulher
                                        a palavra

Se demoram a aparecer
me entretenho caminhando

Mas quando vêm
elas vêm juntas   minha mulher
                         a palavra

Encontraram-se numa esquina
e meu pensamento
amoroso
as recolhe   minha mulher
                         a palavra

Quando chega o momento
abro suas pernas   minha mulher
                                        a palavra

com a língua as separo   minha mulher
                                        a palavra

e logo depois de ter feito amor com elas, de tê-las acariciado bem
temperado dissolvido escolhido banhado peneirado segurado

minha mulher   elas ficam em pé, abrasadas
a palavra   magníficas, sonhadoras, criadas.

ORAÇÃO

Silêncio.
Quando ela abre as pernas
que todo mundo se cale.
Que ninguém murmure
nem venha
com contos nem poesias
nem histórias de catástrofes
nem cataclismos
pois não há melhor enxame
do que seus cabelos
nem abertura maior que a de suas pernas
nem abóbada que eu contemple com mais respeito
nem selva tão fragrante quanto seu púbis
nem torres nem catedrais mais seguras.
Silêncio.
Orai: ela abriu as pernas.
Todo mundo de joelhos.

De *Descrição de um naufrágio* (1975)

Tudo em ti foi naufrágio.
Pablo Neruda

E os que sofreram castigo e morte por mar...
Crônica do século XV

Quand'eu vejo las ondas
e las muyt'altas ribas,
logo mi veem ondas
al cor por la velyda;
maldito sei'al mare
que mi faz tanto male.
Roy Fernandes

Teu povo foi apagado do mapa
e já não está na Geografia.
Andamos sem passaporte de país em país
sem documentos de identificação.
Ernesto Cardenal

DEDICATÓRIA

A Mercedes Costa

A todos aqueles navegantes
                    argonautas de um país em ruínas
desaparecidos em diversas travessias,
várias,
que um dia empreenderam navegações
        de incertos desenlaces.

XII

Não foi nossa culpa se nascemos em tempos de penúria.
Tempos de lançar-se ao mar e navegar.
Zarpar em barcos e redemoinhos
fugir de guerras e tiranos
para o pêndulo
para a oscilação do mar.
Quem levava a carta se refugiou primeiro.
Carta molhada, amanhecia.
Por algum lado víamos chegar o mar.

XXVII

Inundada de tristezas,
com os dedos frios
e os peitos duros como luas,
com sabor de sal e mar,
rompendo as cordas que a ataram
um dia ao mastro,
com a língua quartza cobra cântica
       murcha
             moribunda
ela consultou os astros.

     A Boa Santa nos respondeu: A rajada é violenta.
     É o vento do mar que nos atormenta.

XXXII

Uma torrente de águas migratórias atravessou teu país
teu Deus tua testa
tua relva bem hirsuta.
Os vigias da noite não souberam disparar a tempo
contando os lamentos dos perseguidos.
Éramos trezentos que bramávamos, Nadina,
por um planeta melhor,
considerando que por cada um de nós
havia outros mil trabalhando até morrer
dir-se-ia que era o mundo inteiro que migrava
com as ondas com os dentes
até o local onde radica
a tumultuosa origem dos vegetais.
Amadurecem como podem.

XXXIV

Despertou-me o vento, se rangia,
os mastros soavam, soariam as ancas,
abalou-me teu temor, se sobrevivia,
pus-me a pensar em Deus,
tanta água que caía,
vi saltar os botes,
soltarem as cargas,
pelo céu já se via
uma guerra de titãs,
tanto mar, tanta torrente,
fizeste cara de choro,
clemência pedirias,
e nas ondas rápida rápida
corria exatamente a metade
de minha triste vida,
por ti, por mim o fiz,
por eles, por nós o faria,
quando escutei os ventos,
soprando, meu Deus, à porfia,
sobre os botes, sobre as casas,
as lâmpadas de pobre e a sacristia,
primeiro tiveram lugar os ricos,
naturalmente, como cabia,
dos pobres nenhum se salvou
a alma tão somente salvariam
se Deus ainda era possível,
a morte como vês não é a mesma
para todos, como te ensinaram um dia,
até o fim haveria diferenças,
cada qual seu turno cumpriria,
eles saltaram primeiro,
nós para sempre esperaríamos.
Ao grito de "Salve-se quem puder"
todo mundo se atirou nos botes,
quase todos, menos eu.

Escurecia e o mar era agitado,
víamos cair, como aves derrotadas,
os corpos, um a um,
rebater contra os botes.
Minha mulher, entre as primeiras,
saltou ligeiro — luzes dos faróis, ínclitas —
suas mãos ao vento, desfraldadas como velas,
suas pernas no ar,
par de pássaros famintos;
atrás, uma multidão.
Não olhou uma vez para trás.
Quando seu corpo pousou sobre o bote
— gárrula ave, lutadora —
ela, magnífica,
          dominante,
               começou a remar.
A seu lado, uma multidão rugia, implorava.
Escurecia, e fugazes os pássaros passavam
sem piedade,
mal olhando;
nunca vira tantas aves,
tantos gritos, tanto mar;
na escuridão a vi pegar os remos,
erguer-se, mascarão de proa,
com sinistra força remar;
o capitão, melancólico, barbudo
— cachalote solitário, rodeado de ventos e tempestades
em sua casa do oceano —
no imponente ruído do mar se aproximou de mim
"Marinheiro — me disse — precisavas de um naufrágio
para conhecer tua mulher?".
Os botes se afastavam,
ela tinha os braços inchados feito velas
e remava segura e firmemente
com o tremendo instinto das mães
e dos sobreviventes.
     Nas catástrofes perduram os mais fortes.

XXXIX

E de biquíni vimos passar
em resumo a história,
era uma puta loira
de grandes seios esponjosos
dos quais se penduravam boquiabertos
três ministros e cinco generais,
indolente às vezes acariciava suas carecas
fazia cócegas em suas cabeças com uma serpentina
e de seu colo nu pendiam
sangrentos estandartes;
a história dançava uma macumba,
os braços descobertos,
os amplos seios palpitantes;
a história dançava no Municipal
entre os cavalheiros loiros de smoking
e as damas de peruca,
a história deixava pender de seus braceletes
cinco negros perseguidos pela KKK,
e de suas argolas, três universitários se esvaindo em sangue.
"Vem dançar — ela me disse — a vida é curta",
me oferecendo seus mamilos como sóis,
dois pratos carmesins de furor,
a história era uma prostituta,
com uma multidão atada a sua cintura;
os homens a borrifavam com vinho nas caves de Paris,
ela respondia com uma dança proibida em Londres,
os jovens lhe davam palmadas na bunda em Belfast,
mas ela descobria seu sexo
e mil bailarinos loucos
afundavam suas baionetas nessa selva
de onde nunca mais sair.
A história dançava uma dança macabra em Birmingham,
se entregava aos macacos no Rio de Janeiro,
a história se prostituía nos bulevares de Montevidéu
e nas cafeterias de Xangai,

era uma invejável puta rica
era loira
era indecente
era incandescente
era legisladora e estadista
tinha uns seios maravilhosos
distribuía justiça nos tribunais
de seus lóbulos pendiam os dentes de negros degolados.
"Em minha casa há lugar para todos", proclamava alegremente
convidando-nos, abrindo sua túnica como uma porta;
a história rodava a bolsinha no Brooklyn,
amparava sob as axilas vinte generais,
a história perfumava os sovacos
com o maldito aroma da pólvora
e sobre seu ventre cavalgava a infame infantaria;
durante a primeira noite morreram muitos milhares,
ela passeou entre os cadáveres com os pés descalços
que esmagaram ervas e ossos,
dentes, pastos, sangue e barro:
ela passeava com uma serpente enrolada nos braços;
cheia de afetação
"A vida é curta", proclamava,
"Os navegantes, muitos",
fiquei meio louco por seu ventre
abaulado como uma cúpula
e as ancas douradas se moviam feito velas.
"Venha para o mar, que é o morrer", zombava,
mas para chegar até ela
eu teria que esmagar
milhares de cadáveres.
Ela dançava uma macumba em Maracaibo,
ela se entregava aos banqueiros em Londres
e treinava os agentes da CIA na Califórnia;
levava os dólares no biquíni,
e na vagina, veneno.

Descrição de um naufrágio

De *Estado de exílio* (1973-1975)[1]

---

[1] *Estado de exílio* foi publicado em 2003, mas — com exceção de um poema que não entrou nesta antologia — foi escrito entre 1973 e 1975.

I

Tenho uma dor aqui,
          do lado da pátria.

CARTA DE MAMÃE

Carta de mamãe:
"E se todos forem embora, minha filha,
o que vamos fazer, nós que ficamos?"

AOS PESSIMISTAS GREGOS

O melhor é não nascer,
mas em caso de nascer,
o melhor é não ser exilado.

XI

Nenhuma palavra nunca
nenhum discurso
— nem Freud, nem Martí —
serviu para deter a mão
a máquina
do torturador.
Mas quando uma palavra escrita
na margem na página na parede
serve para aliviar a dor de um torturado
a literatura faz sentido.

OS EXILADOS

Perseguem pelas ruas
sombras antigas
retratos mortos
vozes balbuciadas
até que alguém lhes diz
que as sombras
os passos as vozes
são um truque do inconsciente.
Então duvidam
olham incertos
e de repente
começam a correr
atrás de um rosto
que lembra outro rosto antigo.
Não é diferente
a origem dos fantasmas.

XIV

Aquele velho que lavava pratos
numa cafeteria em Saint-Germain
e de noite
atravessava o Sena
para subir ao seu quarto
num oitavo andar
sem elevador sem chuveiro
nem instalações sanitárias
era um matemático uruguaio
que nunca quis viajar à Europa.

XV

E veio um jornalista de não sei onde
perguntando o que era para nós o exílio
Não sei de onde era o jornalista,
mas mesmo assim o deixei entrar
O quarto estava úmido estava frio
há dois dias não comíamos direito
só água e pão
as cartas traziam más notícias do Outro Lado
"O que é o exílio para você?", me disse
oferecendo um cigarro
Não respondo às cartas para não comprometer os meus parentes
"Pedro teve os dois olhos arrebentados
antes de ser morto a golpes, antes,
só um pouco antes"
"Gostaria que me dissesse o que é o exílio para você"
"Alice foi estuprada cinco vezes
e depois a deixaram para os cães"
Bem treinados,
os cães dos militares,
animais fortes,
comem todos os dias,
fornicam todos os dias,
com belas garotas belas mulheres,
a culpa não é dos cães,
sabe como é,
cães fortes,
os cães dos militares,
comem todos os dias,
não lhes falta uma mulher para fornicar
"O que é o exílio para você?"
Provavelmente vão lhe dar dinheiro pelo artigo,
nós, há dias não comemos
"A moral é alta, companheiro, a moral está intacta",
quebrados os dedos, a moral está alta, companheiro,
estuprada a mulher, a moral continua alta, companheiro,

desaparecida a irmã, a moral está alta, companheiro,
faz dois dias que só comemos moral,
da alta, companheiro
"Diga-me, o que é o exílio para você"

O exílio é comer moral, companheiro.

XVI

Nossa vingança é o amor, Veronique,
eu te disse aquela noite na Pont des Arts,
o frio fazia nossas mãos tremerem
— o frio, o amor —
desejar um café com leite quentinho que não custasse cinco francos
enquanto procurávamos onde diabos
arrumar um canto pra dormir aquela noite
sem atrair os *flics*
e você sugava até o toco
até o tutano
o último cigarro do maço.
Sem dúvida nossa vingança será o amor
poder amar, ainda
poder amar, apesar de tudo
apesar de conforme sem onde como quando
mas antes, te juro — me disse Veronique —
eu queria
queria muito
mandar à merda uns quantos filhos da puta,
de maneira indolor, é claro,
porque sou civilizada
e faço amor com preservativo.

XXI

Chamavam-no A Múmia. Com dois golpes
era capaz de matar alguém.
Usavam-no para amaciar
os recém-chegados,
ou para dar cabo dos torturados.
Não comia peixe
porque uma vez tinha se engasgado
com uma espinha
e doeu.

A VIAGEM

Minha primeira viagem
foi a do exílio
quinze dias de mar
sem parar
o mar constante
o mar antigo
o mar contínuo
o mar, o mal
Quinze dias de água
sem luzes neon
sem ruas sem calçadas
sem cidades
só a luz
de algum barco em fuga
Quinze dias de mar
e de incerteza
não sabia para onde ia
não conhecia o porto de destino
só conhecia aquilo que deixava
Como bagagem
uma mala cheia de papéis
e de angústia
os papéis
para escrever
a angústia
para viver com ela
companheira amiga

Ninguém te deu adeus no porto de partida
ninguém te esperava no porto de chegada
E as folhas de papel em branco embolorando
ficando amarelas dentro da mala
maceradas pela água do mar

Desde então
sofro do trauma do viajante
se fico na cidade me angustio
se parto
tenho medo de não poder voltar
Tremo antes de fazer uma mala
— quanto pesa o imprescindível —
Às vezes preferiria não ir a parte alguma
Às vezes preferiria ir embora
O espaço me angustia como aos gatos
Partir
é sempre partir-se em dois.

ELOGIO DA LÍNGUA

Me vendeu uma cartela de bingo
e perguntou de onde eu era.
"Do Uruguai", eu disse.
"Você fala o espanhol mais doce do mundo",
respondeu enquanto saía
brandindo as cartelas
como amuletos da sorte.
Quanto a mim, essa noite,
já não me importou perder ou ganhar.
Me dei conta de que estava atrelada a uma língua
como a uma mãe,
e que o salão do bingo
era o útero materno.

De *Diáspora* (1976)

Tudo estava previsto
pela tradição
ocidental
essa tua rebelião
contra os papéis convencionais
tua resistência
a ser tratada como objeto
o objeto
que eu sou para ti
a não ser quando te escrevo
para os outros
Então te objetifico

PROJETOS

Poderíamos fazer uma criança
e levá-la ao zoológico aos domingos.
Poderíamos esperá-la
na saída do colégio.
Ela iria descobrindo
na procissão de nuvens
toda a pré-história.
Poderíamos fazer anos com ela.

Mas não gostaria que ao chegar à puberdade
um fascista de merda lhe desse um tiro.

Aos poetas que louvaram sua nudez
eu direi:
bem melhor do que ela tirando o vestido
é ela desfilando pelas ruas de Nova York
— Park Avenue —
com um cartaz que diz:
"Je suis lesbienne. I am beautiful".

Poderia escrever os versos mais tristes esta noite,
se os versos fossem uma solução.

Antes do cessar-fogo,
John O'Neal Rucker foi o último soldado norte-americano
morto no Vietnã.
Seus pais se fotografaram
junto ao retrato de John O'Neal Rucker
em trajes de gala.
O nome do último vietnamita morto
nunca foi divulgado pelas agências de notícias.
Não se sabe se porque carecia de pais,
de fotografias
ou noites de gala.

ALEJANDRA ENTRE LILASES

Hei de morrer de coisas assim.
Alejandra Pizarnik
(Suicidada em 25 de setembro de 1972)

IV

E no silêncio escondido dentro da casa
e no silêncio que fica
quando os amigos se vão
e no silêncio dos cinzeiros
e dos copos já sem água
quiseste definir a palavra exata
sem saber
que o silêncio e as palavras
são apenas agonias.

APLICAÇÕES DA LÓGICA DE LEWIS CARROLL

III

Lewis Carroll fotografava meninas vestidas
e às vezes fotografava meninas nuas
por amor à fotografia,
por amor às meninas
às quais dedicou um livro terrível,
Alice no país dos espelhos,
livro que desagrada a todas as crianças
e desperta a curiosidade daqueles adultos
que gostariam de fotografar meninas vestidas
meninas às vezes nuas
mas não se animam a fazê-lo porque carecem de espelho.

IV

Lewis Carroll era um presbítero chamado
Charles Dodgson
que durante um passeio por um parque
se apaixonou por uma menina
chamada Alice
então escreveu um livro para crianças
cuja protagonista é uma irritante mulher
disfarçada de menina e chamada Alice.
A Igreja havia proibido o estupro
aos sacerdotes jovens,
mas não a escrita.

De *Linguística geral* (1979)

Para Lil

I

O poeta não escreve sobre as coisas,
senão sobre o nome das coisas.

III

Todo poeta sabe que está no final
de uma tradição
e não no começo
por isso cada palavra que usa
reverte,
como as águas de um oceano interminável,
a mares anteriores

— cheios de ilhas e pelicanos,
de plantas aquáticas e corais —

do mesmo modo que o delicado filamento
tecido por uma aranha
reconstrói partes de uma cosmogonia antiga
e lança fios de seda rumo a sistemas futuros,
cheios de peixes dourados e areias cinzentas.

VII

É bom lembrar — ante tanto esquecimento —
que a poesia nos separa das coisas
pela capacidade que tem a palavra
de ser música e evocação,
além de significado,
o que permite amar a palavra *infeliz*
e não o estado de infortúnio.
Tudo isto não precisaria ser dito outra vez
se o leitor
— tão desmemoriado quanto qualquer poeta —
recordasse um poema de João Cabral de Melo Neto:
Flor é a palavra
flor, verso inscrito
no verso,
que li há anos,
esqueci depois
e hoje voltei a encontrar,
como você, leitor,
leitora,
faz agora.

XIX

A prática literária
ou a leitura crítica pluridimensional
não podem explicar, no fim das contas,
por que a imagem da realidade
assim como a fotografia
tem esse grão de metafísica
que falta à realidade sem imagem
e ao objeto sem lente,
mesmo que alguém diga, como desculpa,
por exemplo,
que se trata da confluência de coordenadas
históricas
e sua repercussão
no poema
(em versalete, de preferência).

XXII

O poema é, sim, uma combinação de palavras,
porém sua harmonia não depende
— apenas —
da natureza do som e dos timbres
nem do espaço vazio que desloca,
depende, também,
da nostalgia de infinito que desperta
e do tipo de revelação que sugere.

4ª ESTAÇÃO: CA' FOSCARI

Te amo como minha semelhante
minha igual minha parecida
de escrava a escrava
casais em subversão
à ordem domesticada
Te amo esta e outras noites
com os traços de identidade
trocados
como alegremente trocamos nossas roupas
e o seu vestido é o meu
e minhas sandálias são as suas
Como o meu seio
é o seu seio
e suas antepassadas são as minhas
Fazemos amor incestuosamente
escandalizando os peixes
e os bons cidadãos deste
e de todos os partidos
Pela manhã, no café,
quando todas as coisas lentamente forem despertando
te chamarei por meu nome
e você responderá
alegre,
minha igual, minha irmã, minha semelhante.

De *Europa depois da chuva* (1987)

Para Ana

INFÂNCIA

Lá, no princípio,
todas as coisas estavam juntas,
infinitas no número
e na pequenez.
E enquanto tudo estava junto
a dor era impossível
a pequenez, invisível.

O NAVIO DOS LOUCOS

A Michel Foucault

Em um mar simétrico
calmo
fixo como um quadro
e sem margens

sobre as densas águas iguais à névoa

o grupo, de gala,
iniciou a travessia.

Veem-se damas de chapéu
homens vestindo paletós
crianças segurando balões
um cão cabisbaixo
e um arlequim.

Uma grinalda de luzes amarelas
pisca um olho cúmplice e perverso.
Há jovens com gestos de fanfarra
maçãs corroídas pelo vírus
bonecas sem cabeça
um chimpanzé.

Apenas o barqueiro que austero
afunda silenciosamente o remo
nas águas densas de imobilidade
sabe que a viagem é sem regresso.

EUROPA DEPOIS DA CHUVA
(Max Ernst)

Choveu magma fervente
liquefazendo todas as formas

                        (o homem-pássaro que pende,
                        solidificado, se recusa a nos ver,
                        última censura).

Solitários monolitos se elevam contra o céu luminoso,
como deuses inverossímeis (depois da tormenta).

A Europa é uma massa indefinível de dejetos.

A lava corroeu a suficiência das pedras,
perfurou os metais,
mineralizou as árvores e as plantas.
Liquefez as montanhas,
obstruiu os rios.

Em meio à decomposição,
sopra a imutabilidade da morte.
Pendem fósseis, membros deslocados,
totens rotos, corpos devorados pelo magma.
A luz apocalíptica ilumina restos retorcidos.

Mas quietamente,
por baixo das formas fossilizadas
e da confusão de restos,
suspeita-se
a vida larvar
que começa a pulsar,
com um espasmo de horror.
Círculo infernal do eterno retorno.

CIFRAS

Nos mosteiros medievais
alguns animais que adornam os frisos
ou decoram as colunas, na aparência,
constituem, na verdade,
as notas de um código musical
esquecido pela fugaz memória dos homens.

Os que contemplavam a águia ou o cão
escutavam, ao mesmo tempo,
as notas de uma melodia.

Assim como essas pedras
somos a cifra
de uma longa história
que algum investigador futuro
decifrará,
entre a admiração e o horror.

SÍMILE

Numa ilha de gelo à deriva
desprendida do mar glacial Ártico
viaja toda uma aldeia de pinguins
— pássaros bobos — sem saber que viajam.
Enquanto a ilha lentamente se desfaz
deslocando-se rumo ao Atlântico,
os pinguins trabalham, nadam,
caçam seu alimento, se reproduzem
e acreditam na imortalidade.

O REGRESSO DE ULISSES À PÁTRIA

Regressar é morrer um pouco.
Nas noites de lua muito clara
— quando tudo tende à esfericidade —
não pode dormir.
A excessiva calma que irradiam as coisas
parece-lhe uma mensagem a decifrar
cujo sentido último seria, talvez,
impossível de resistir.
Afunda então o remo na areia
e afronta os deuses.
Os médicos do navio lhe aconselham repouso.
Em sonhos fala de ambíguas seduções
onde quem lançou a rede foi finalmente
o capturado, e do rumo das estrelas fugazes.
Desperta, e inquieto ordena
esvaziar o navio.
Seja como for, tem certeza
de que essa lua intensa,
brutal,
o olha demasiado.

NOTURNO PLUVIOSO NA CIDADE

De noite, sob a chuva,
ao longo da avenida,
a luz de uma cabine telefônica
Um homem liga ansiosamente
Não há terra firme em que deitar e descansar
O homem faz gestos com as mãos
Ao longe um triângulo de luzes amarelas
Como escorre a água pelas encostas!
As vitrines cheias de reflexos
O homem diz: "Por favor, por favor"
Um bêbado encostado numa árvore
Grande liquidação
Os carros passam velozes:
se atropelassem alguém não teriam tempo de parar
"Escute, por favor", diz o homem
Dois rapazes fumam um pouco de erva
Nos jornais desta manhã li algo sobre uma grande catástrofe
não sei se terremoto ou bombardeio
"Eu te amo", diz o homem,
antropoide na vitrine telefônica
A chuva cai
Uma travesti perambula, pede fogo,
as travestis sempre pedem fogo e perambulam,
a água molha sua saia, borra a maquiagem,
não é bom comprar cosméticos baratos,
morreram dois mil ou vinte mil,
já não lembro,
há um cartaz que desbota com a chuva:
"Companheiro, sua morte não será em vão"
(que morte não é em vão?)
Queria saber pra onde vão as pombas quando chove
Um locutor anuncia um detergente um bombardeio
"Escute", diz o homem,
acabaram suas moedas

Extraordinário show-sexy
Pessoas sensíveis favor não assistir
Me disseram que se trata de um cavalo que fornica com mulheres
(a Sociedade Protetora dos animais protestou;
nenhuma outra sociedade protestou)
Há uma enorme quantidade de pessoas não sensíveis,
segundo o cartaz
Noites chuvosas em que qualquer suicídio é possível:
até o de uma borboleta contra a janela
Da estação vem uma música ambulante
O homem não tem mais moedas,
a travesti se deu bem,
é incrível como em momentos decisivos algo nos falta
moeda ou olhar
cigarro ou mulher
Quem sabe fosse uma inundação, não sei bem,
ou talvez fosse o estripador de alguma cidade inglesa
Permanece um instante indeciso na cabine
procura no fundo dos bolsos
(sacará uma pistola ou um cigarro?)
"Vecchio, basso", canta Mina no amplificador
Uma estrela de cinema se consagrou
um sapateiro matou a mulher
um pai matou a filha
alguém bombardeou uma cidade
O homem não achou uma moeda e saiu caminhando debaixo da chuva.

AOS AMIGOS QUE ME RECOMENDAM VIAGENS

I

Todo jardim é interior:
Movo-me apenas para colher seus cheiros.
Posso dizer, assim, que percorri várias geografias.

II

As plantas, que vivem muito tempo,
não se movem nunca de seu lugar.
Ah, como são sutis seus estremecimentos!

III

Aquele que viaja foge.
O que fica contempla.
As estrelas que parecem fixas
estão em movimento
e os meteoros, por sua vez,
se desintegram.

IV

Há três coisas que gostaria de te dizer,
mas a segunda contradiz a primeira
e a terceira é um mal-entendido.
Preferível é o silêncio.

De *Babel bárbara* (1991)

OS FILHOS DE BABEL

Deus está dormindo
e em sonhos balbucia.
Somos as palavras desse Deus
confuso
que em eterna solidão
fala para si mesmo.

AMAR

Amar é traduzir
— trair.

Nostálgicos para sempre
do paraíso antes de Babel.

A ESTRANGEIRA

Contra seu batismo natal
o nome secreto com que a chamo: Babel.
Contra o ventre que a expeliu confusamente
a concha da minha mão que a encerra.
Contra o desamparo de seus olhos primários
a dupla visão do meu olhar em que se reflete.
Contra sua altiva nudez
as homenagens sacras
a oferenda do pão
do vinho e do beijo.
Contra a obstinação de seu silêncio
um discurso longo e lento
salmodia salina
cova hospitalar
signos na página,
identidade.

A TRANSGRESSÃO

Na cidade, há uma lei:
"Não amarás o estrangeiro".
Babel, sardônica,
ri do velho emblema
mistura línguas diversas
declina verbos mortos
e apostrofa em occitano.

Descobre palavras raras
e as lança entre os dentes
como pedras de um rio arcaico
— primigênio.

Hei de fazer um colar
com essas contas
marcas de identidade do estrangeiro.

A PAIXÃO

Saímos do amor
como de um acidente aéreo
Tínhamos perdido a roupa
os documentos
a mim me faltava um dente
a você a noção do tempo
Era um ano longo como um século
ou um século curto como um dia?
Pelos móveis
pela casa
restos partidos:
copos fotos livros desfolhados
Éramos os sobreviventes
de um desmoronamento
de um vulcão
das águas arrebatadas
E nos despedimos com a vaga sensação
de ter sobrevivido
embora não soubéssemos para quê.

O PARTO

Do fundo do ventre,
como uma montanha,
a obscura força do desejo.
O desejo, obscuro como uma semente.
A semente fechada e muda
como uma ostra.
Os lábios da ostra
lentamente se abrindo,
como a vulva.
A vulva, úmida e violeta,
às vezes, fosforescente.
Babel, voltada para dentro,
como uma semente. Guardada
como uma ostra. Ensimesmando-se,
como o caracol encolhido.
Babel torre, Babel casa escondida.
          "É longo esconder-se por nove meses", diz Babel,
          inchada.

A palavra, apontando para fora.
A palavra, sobressaindo do vestido.
A palavra, empurrando seu broto,
sua alegria, sua maldição.

      Babel pelas ruas como uma virgem,
como se nada escondesse. Babel bailando em bable.
Babel vestida.

      E de pronto, subitamente, o grito.
Descendo pelas pernas abertas, o grito.
Desfundando-se nos lençóis, o grito.
Liquefazendo-se nos quadris duros como âncoras, o grito.
Forçando-se a sair, o grito.
Brutal, tresnoitado, fundo, gutural,
                              onomatopaico,

negro, desentranhado,
o grito: partido em dois,
feito de sangue,
voz da víscera,
palavra sem lugar no dicionário.

De *Outra vez Eros* (1994)

Outra vez Eros que desata os membros
me tortura
doce e amargo
monstro invencível.

Safo

GENEALOGIA

(Safo, V. Woolf e outras)

Doces antepassadas minhas
afogadas no mar
ou suicidadas em jardins imaginários
trancadas em castelos de muros lilás
e arrogantes
esplêndidas em seu desafio
à biologia elementar
que faz da mulher uma parideira
antes de ser de fato uma mulher
soberbas em sua solidão
e no pequeno escândalo de suas vidas

Têm seu lugar no herbário
junto a exemplares raros
de variada nervura.

CONDIÇÃO DE MULHER

Sou a adventícia
a que chegou ao banquete
quando os convidados comiam
a sobremesa

Perguntaram-se
quem ousava interrompê-los
de onde era
como me atrevia a empregar sua língua

Se era homem ou mulher
quais atributos possuía
perguntaram-se
por minha estirpe

"Venho de um passado ignoto — eu disse —
de um futuro ainda distante
Mas em minhas profecias há verdade
Eloquência em minhas palavras
Ou seria a eloquência
atributo apenas dos homens?
Falo a língua dos conquistadores,
é verdade,
embora diga o oposto do que eles dizem"

Sou a adventícia
a perturbadora
a desordenadora dos sexos
a transgressora

Falo a língua dos conquistadores
mas digo o oposto do que eles dizem.

ANTROPOLOGIA

Dizem amar as coisas que entretanto
caçam.

Se agrupam por hábitos e profissões.

Desdenham as coisas que não entendem
e realmente: entendem poucas coisas.

Possuem má memória,
mas temem a morte e a passagem do tempo.

Inventaram os relógios e a guerra.

Preferem agir em grupo.

Seus acasalamentos costumam ser banais.

Se deram uma história e uma filosofia,
mas choram como crianças de peito quando lhes dói um dente.

Se queixam da desgraça
e a felicidade os oprime.

Em certas ocasiões cantam e dançam.

Se destroem mutuamente.
Adoecem com muita frequência.

Se perguntam qual o sentido das coisas,
e, aterrorizados pelo enigma,

decidem coletivamente não pensar.

Reconhecem uns aos outros pela cor da pele.

Em suas casas
sempre há espelhos e relógios.

Renegam o passado
mas o futuro lhes dá medo.

Encerram uns aos outros em prisões.

Chamam de justiça o costume
e detestam estar sozinhos.

Se deram uma técnica
uma indústria uma aviação e uma marinha

mas suas incertezas são cada vez maiores.

Se reproduzem sexuadamente.

Comparecem aos templos em épocas de penúria.

Inflamados, destroem o que tocam,
e depois o lamentam.

Antes de morrer balbuciam o nome do ser que amam

mas se equivocam

e não amaram ninguém.

FILOSOFIA

Ante a esfericidade abstrata do planeta
a redondez tumescente de teus seios polidos
Ante a prepotência da razão
teu riso descabelado de amazona cáustica
Ante a queda internacional do comunismo
o brusco desmoronamento de tua saia
Ante o proclamado Fim da História
o nascimento de uma pinta nova no teu ombro
Ante as guerras futuras
o estrabismo voluptuoso de um de teus olhos
Ante a previsível morte
a fricção de teu corpo nu
a umidade das mucosas
o lamento vulvar.

HAPPY END

Como uma heroína — abatida, pálida,
louca —
gosta dos finais trágicos
— morte por loucura, suicídio ou qualquer outra desgraça —
mas no último momento sobrevive
— o progresso da ciência e da técnica, já se sabe —
Portanto há de repetir a história:
amor-loucura-destruição

É verdade
não há heroísmo
na vida cotidiana
Nenhuma emoção nos finais felizes:
acabam ali
quando o encontro desejado
começa a ser o princípio do fracasso
e do tédio

Porém nunca morre
— no fundo, para uma romântica
tem bastante saúde —
nem um Otelo furioso a mata
numa noite de paixão e ciúmes
— já não há Otelos e às vezes nem mesmo ciúmes —

A qualquer momento a trágica máscara romântica
cairá — como um rosto de cera —
e o ricto amargo da velhice grotesca aparecerá
para um público ausente

Nenhuma heroína romântica passou dos quarenta.

FIM DE TRAJETO

Depois das terríveis provas do amor
e do fogo
— queimei meu útero e meus ovários —
depois dos desmesurados trabalhos do dia
— ganhar o pão e o sono com o suor do rosto —
depois de atravessar o oceano da loucura
e os riscos da morte
não me aguardava o precioso troféu
não havia bela princesa cujo amor
curasse as feridas
não havia terna pátria a que regressar
nem um castelo de ponte levadiça
Não havia medalhas
Não havia honras
Especialmente
não havia donzela
não havia princesa
                não havia conto de amor
Não havia história para contar
      — toda a lírica termina onde parou Darío —

A epopeia não tem fim
sendo o fim da epopeia seu próprio transcorrer

Sobreviver também é uma nostalgia
de ainda não ter morrido.

DEPOIS

E agora se inicia
a pequena vida
do sobrevivente da catástrofe do amor:
olá, cãezinhos,
olá, vagabundos,
olá, ônibus e pedestres
Sou uma criança de peito
acabo de nascer
do terrível parto do amor
Já não amo
Agora posso atuar no mundo
me inscrever nele
sou mais uma peça na engrenagem
Já não estou louca.

LENDO S. FREUD

Leio, num velho ensaio de Freud:
"A vida sempre provoca mal-estar".
Quer dizer que essa inquietação
essa vontade de fugir pra qualquer lado
esse aborrecimento de toda a gente
e até das coisas amadas
esse mau humor matinal

eram, afinal de contas, a vida?

De *Aquela noite* (1996)

INSTINTO

Os animais não pensam no que têm de fazer.
Quando a tempestade cai
milhares de formigas constroem uma balsa
para atravessar ao outro lado
e o leão no cio
mata seus filhotes
para fornicar novamente

    por que, então, antes de te tocar
preciso averiguar tua linhagem
tua religião
teus genes
as ideias políticas
e os gostos literários?

HUMILDADE

Nunca pretendi que uma única ideia
explicasse a diversidade do mundo
nem que um Deus
fosse mais certo que numerosos deuses.
Nunca pretendi que a psicologia
excluísse a biologia,
nem que ter um sexo
excluísse o outro.

Nunca pretendi que uma única pessoa
realizasse todos os meus desejos
nem satisfazer todos os desejos
de uma única pessoa.

Nunca pretendi ter vidas anteriores
nem vidas futuras:
não creio ter sido
nada mais do que sou
e isso, às vezes,
com grandes dificuldades.

MEUS CONTEMPORÂNEOS

Eu já compartilhei mesa
congressos conferências
com muitos escritores.
Os ouvi recitar
pontificar
exibirem-se como machos no cio
apostrofar
sentenciar
julgar.
Eu os vi dar autógrafos
paquerar
se embebedar
subir para o quarto
com a admiradora arrebatada.

Todos eles sabiam algo
que as leitoras não sabem:
a literatura não é de verdade.

TEORIA LITERÁRIA

Escrevem porque têm o pênis curto
ou o nariz torto
porque um amigo lhes roubou a amante
e outro ganhava dele no pôquer
Escrevem porque querem ser chefes da tribo
e ter muitas mulheres
um cargo político
um tribunal
um palanque
(muitas mulheres).

Não leem uns aos outros
não levam a coisa a sério:
ninguém está disposto a morrer
por algumas palavras
dispostas em fila
(da esquerda para a direita,
não ao estilo árabe)
nem por algumas mulheres:
depois dos quarenta,
são todos pós-modernos.

HISTÓRIA DE UM AMOR

Para que eu pudesse te amar
os espanhóis tiveram de conquistar a América
e meus avós
fugir de Gênova num navio de carga.

Para que eu pudesse te amar
Marx teve de escrever *O capital*
e Neruda, a "Ode a Leningrado".

Para que eu pudesse te amar
na Espanha houve uma guerra civil
e Lorca morreu assassinado
depois de ter viajado a Nova York.

Para que eu pudesse te amar
Virginia Woolf teve de escrever *Orlando*
e Charles Darwin
viajar ao Rio da Prata.

Para que eu pudesse te amar
Catulo se apaixonou por Lésbia
e Romeu, por Julieta
Ingrid Bergman filmou *Stromboli*
e Pasolini, os cem dias de Salò.

Para que eu pudesse te amar
Lluís Llach teve de cantar "Els Segadors"
e Milva, os poemas de Bertolt Brecht.

Para que eu pudesse te amar
alguém teve de plantar uma cerejeira
no quintal da sua casa
e Garibaldi, lutar em Montevidéu.

Para que eu pudesse te amar
as crisálidas se fizeram borboletas
e os generais tomaram o poder.

Para que eu pudesse te amar
tive de fugir num barco da cidade onde nasci
e você, combater contra Franco.

Para que nos amássemos, enfim,
aconteceram todas as coisas deste mundo

e desde que não nos amamos
só existe uma grande desordem.

POETAS

Nós poetas não somos confiáveis para ninguém.
Não somos confiáveis para os editores,
que preferem editar romances,
não somos confiáveis para os bancos,
porque não temos renda fixa,
não somos confiáveis para os jornais,
que preferem publicar guerras e golpes,
não somos confiáveis para os proprietários,
porque atrasamos o aluguel.
Não somos confiáveis
nem para os leitores:
eles gostam de gastar dinheiro
em linhas corridas,
não em linhas partidas.

CONTRA FLAUBERT

De fato, detesto Flaubert.
Só mesmo um macho francês
esnobe cheio de si
para zombar a tal ponto
dos sonhos de uma mulher.
Um macho,
quer dizer,
alguém que não sonha.
(Os homens sempre tiveram
ciúmes dos sonhos das mulheres
porque não podem controlá-los.)
Flaubert *sonhou* Emma Bovary,
mas pode-se dizer, com toda a certeza,
que Emma Bovary jamais sonhou Flaubert.
(No final de seus dias, Flaubert estava
farto da fama de Madame Bovary.
Ela era mais célebre que ele.)

SIMULACRO

Quando um vendedor qualquer
(de detergentes, seguros, vídeos ou congelados)
bate na minha porta,
finjo ser uma mulher convencional
e respondo que meu marido não está.
Que compreensivos são os vendedores
com uma esposa desprotegida.
Me deixam o catálogo — para que meu marido o veja —
e dizem que voltarão em outro momento,
quando meu esposo tiver retornado.
Com o catálogo na mão
— que não lerei —
me dirijo, outra vez,
à velha máquina de escrever:
único espaço
sem maridos
sem vendedores
sem catálogos.

MONÓLOGO

A vida não tem sentido. Para que você o procura?
Se a vida não tem sentido
tampouco tem sentido o êxito ou o fracasso
ser amado ou detestado
ter bons vizinhos ou vizinhos xenófobos
o aplauso ou a vaia.
Não importa se a sua amada te liga
ou não te liga.
Não importa se a sua conta está no vermelho
ou se você aparece numa enciclopédia.
De acordo. A vida não tem sentido,
mas, mesmo assim,
me emociona.

De *Imobilidade dos barcos* (1997)

A poesia é uma forma da melancolia.
Wallace Stevens

*O romantismo é a primeira etapa
de uma loucura não pejorativa.*
Wallace Stevens

ECOLOGISMO

Este livro foi feito todo ele
de forma artesanal
utilizando sempre materiais de descarte
completamente reciclados:
dores naturais, uma depressão,
amores consentidos e amores sem-sentidos,
a passagem devastadora do tempo e seu relógio
biológico, as nostalgias crepusculares,
a fumaça da grande cidade ou solidão,
o dia a dia (gotejar da morte)
e a propensão à poesia,
um vício anônimo.

O COMBATE II

No sonho
eu quis perguntar
à bela gladiadora
qual era o sentido do combate
por que a luta
qual era o troféu.

Sorriu e me disse:
Luta-se
apenas
porque se vive.

SEGUNDA VEZ

No ato ingênuo
de tropeçar duas vezes
na mesma pedra
alguns percebem
teimosia
Eu me limito a comprovar
a persistência das pedras
o fato insólito
de que permaneçam no mesmo lugar
depois de ferir alguém.

LEITURA

Atravessa-se um livro
como se cruza um rio

    as palavras
são as pedras a que se agarrar
Impedem o naufrágio.

ALEGRIA DE VIVER

Me levanto
com a certeza
de estar sozinha:
saio pra rua
assobio uma musiquinha
caminho contra o vento
acendo um dos cigarros
que o médico me proibiu
— estou sozinha —
tão contente
que começo a pôr moedas
na máquina do bar
ganha, porra,
ganha agora, cadela,
o dono me olha satisfeito
(ria, estúpido, dinheiro
é a única coisa que você pode me tomar)
quando estou contente
sou esplêndida
tão alegre por estar sozinha
que logo começo a conversar
com gente que não me interessa
(nunca saberão como estou contente)
escuto bobagens
não me afetam: tenho alegria interior
sou generosa: faço elogios
a gente que não merece
O que vou fazer, se estou contente?
Com a felicidade não dá pra fazer nada
Não dá pra escrever poemas
Não dá pra fazer amor
Não dá pra trabalhar
Não dá pra ganhar dinheiro
nem escrever artigos de jornal
A felicidade é isto:

caminhar contra o vento
cumprimentar desconhecidos
não comprar comida
(a felicidade é o alimento)
ser esplêndida
como o vento grátis que limpa a cidade
como essa chuvinha repentina
que molha minha cara
vou me resfriar
mas o que me importa?

A FRATURA DA LINGUAGEM DOS LINGUISTAS
APLICADA À VIDA COTIDIANA

Eu disse que a queria, e fiquei insatisfeita.
A verdade é que às vezes não a queria nem um pouco,
mas não podia viver sem ela.
Eu disse que gostava dela,
mas também gosto do meu cachorro.
Depois disse que a amava,
mas meu incômodo foi ainda maior:
não havia um acúmulo de bons sentimentos,
às vezes meus sentimentos eram muito maus,
queria sequestrá-la, matá-la de amor,
reduzi-la à escravidão, dominá-la.
Às vezes, só queria seu prazer.
A cumplicidade que reclamei
era impossível: que cumplicidade pode se estabelecer
com alguém cujo sorriso nos leva ao paraíso
e cuja indiferença nos conduz ao inferno? (William Blake)
Decidi prescindir da linguagem,
então me acusou de não querer me comunicar.

De uns anos pra cá, só existe o silêncio.
Nele encontro uma rara equanimidade:
a dos prazeres solitários.

ORAÇÃO

Livrai-nos, Senhor,
de nos encontrarmos
anos depois
com nossos grandes amores.

A FALTA

Tem gente que dá nome
à sua falta
lhes falta Antônio ou Cecília
uma viagem à África
um milhão de *pesetas*
um apezinho na praia
uma amante
um acerto na loteria
uma promoção no trabalho.

Nós que sabemos que a falta
é a única coisa essencial
vadiamos pelas ruas noturnas
da cidade
sem buscar
nem um pó
nem uma deusa
nem um Deus.
    Levamos a falta para passear
como quem leva um cachorro.

BIOGRAFIAS

E nunca se esqueça
que para cada um
(para a ingênua dona de casa recém-casada
ou para o guerrilheiro de Chiapas)
sua vida será sempre um romance.
Mas por favor
que pelo menos
seja bem escrito.

De *As musas inquietantes* (1999)

O olhar é a ereção do olho.
Jacques Lacan

A SEDUÇÃO
(*São Jorge e o dragão*, Paolo Uccello)

Que sólida armadura,
São Jorge,
que brioso cavalo
— branco, empinado —
que longa a lança
(símbolo viril)
quanta fúria
quanto ódio
para enfrentar o temível dragão
de bocarra salivante
que uma gentil donzela
com mão suave
leva para passear docilmente,
como se fosse um cãozinho de colo.

Aquilo que os homens matam com violência
as mulheres domesticam com doçura.

O VIAJANTE SOBRE O MAR DE NÉVOA
(*O viajante sobre o mar de névoa*, Caspar D. Friedrich)

Subiu até o topo solitário do mundo
topo escarpado em meio às nuvens.

Subiu até o misterioso topo do fim do mundo
onde o céu se funde com o mar
(incestuosas nuvens, incestuosas ondas)
e não sabe onde está.

Ergue-se de costas — mastro solitário na densidade da névoa —
e contempla a vasta imensidão
como quem contempla Deus.
Inaudita e silenciosa visão revelação
um passo além do cume
um passo além da morte
onde toda contemplação
é contemplação da contemplação.

Cume sem regresso
altura ceifada
que ao subir encontra
na inabarcável imensidão
o espelho da própria pequenez.

A ORIGEM DO MUNDO
(*A origem do mundo*, Gustave Courbet)

Um sexo de mulher descoberto
(solitário olho de Deus que tudo contempla
sem se modificar)

perfeito em sua redondez
completo em sua esfericidade
impenetrável na mesmidade de seu orifício
impossuível na espessura de seu púbis
intocável na turgência mórbida de seus seios
incomparável em sua faculdade de procriar

subjugado desde sempre
(por impossuível, por inacessível)
a todas as metáforas
a todos os desejos
a todos os tormentos

    gera partenogeneticamente o mundo
que só necessita de seu tremor.

AS MUSAS INQUIETANTES II
(*As musas inquietantes*, Giorgio de Chirico)

Descabeçadas, incompletas,
solenes no pedestal ridículo
ou sentadas na beira da calçada,
como quem espera um carro
ou um cliente,
as musas domésticas
engordam
perdem um braço
os cabelos
ficam calvas
Já sem ofício verdadeiro
num mundo cada vez
mais agitado,
numa cidade cada vez
    mais populosa,
       mecânica.

ASSIM NASCE O FASCISMO
(*Aula de violão*, Balthus)

No campo de concentração
da sala de música ou ergástulo,
a fria, impassível professora de violão
(Ama rígida e altiva)
estira em seu colo o instrumento:
arranca os cabelos
suspende a saia
dirige a mão espalmada
ao sexo insonoro e núbil
da aluna
descoberta como a tampa de um piano.
Executa a antiga partitura
sem paixão
sem piedade
com a fria precisão
dos papéis patriarcais.

Assim os homens sonham as mulheres.
Assim nasce o fascismo.

De *Estratégias do desejo* (2004)

Somos o tempo que nos resta.
José Manuel Caballero Bonald

Hoje, entre os corpos
cativos do espelho,
vi teu rosto fugitivo.
Homero Aridjis

VIVER PARA CONTAR

Eu te cedi uma vez
o papel e o lápis
a voz que narra
a crônica que fixa contra a morte
a nostalgia do vivido.
E me dei bem com a mudança
te garanto.
Quero contemplar
quero ser testemunha
quero me olhar viver
te cedo com prazer a responsabilidade
como um escriba
ocupe meu lugar
goze se puder com a permuta
você será minha descendência
minha alternativa.
A que viveu para contar.

ESTRATÉGIAS DO DESEJO

As palavras não podem dizer a verdade
a verdade não é *dizível*
a verdade não é língua falada
a verdade não é um ditado
a verdade não é um relato
no divã do psicanalista
ou nas páginas de um livro.
Considere, então, tudo o que falamos você e eu
em noites sem dormir
em tardes apaixonadas em cafés
— London, Astoria, Arlequín —
apenas como sedução
no mesmo lugar das meias pretas
e da cinta-liga de renda:
estratégias do desejo.

MEDO

As poucas vezes
em que fui feliz
senti um medo profundo
        como iria pagar a fatura?

        Só os insensatos
— ou os não nascidos —
        são felizes sem temor.

UM CICLO INTEIRO

Você diz que já vivemos um ciclo inteiro
— Vivaldi, *As quatro estações* —
e eu me regozijo.
"Este é o segundo inverno — me diz —,
sei como foi o primeiro."
O primeiro inverno:
encontros voluptuosos em hotéis
entrávamos na sexta
saíamos na segunda
sem tempo pra comer
era preciso devorar-se mutuamente
braços e pernas
lábios e nádegas
uma sede imperiosa de sorver-se
minha carne é sua carne
meu corpo é seu corpo
meu sangue é seu sangue.
E a primavera
como foi então a primavera?
"Uma vez fomos ao cinema
e você pegou na minha mão."
Não vi o filme
confesso: só olhava pra você.
Floresceram as árvores?
"Você teve alergia na primavera"
e nos encontrávamos em hotéis luxuriosos
onde uma moça negra
— provavelmente imigrante —
tocava no piano velhas melodias.
Eu a olhava com cumplicidade
e você sorria.
Depois chegou o verão
passávamos calor nos hotéis
e aprendi o cheiro do seu suor.

"Não gosto de suar em público", eu te disse
lembrei vagamente que não suava havia muitos anos.
Nesse verão você escreveu um diário
e eu não podia deixar de me lembrar de você
de modo que fui muito infeliz.
Então veio o outono
novos hotéis
até uma casa num bairro elegante
mas continuávamos nos conhecendo pelo tato
pelo suor pelo olfato
pela pele o cabelo as papilas.
Ouvíamos música às vezes
às vezes acendíamos velas
mas especialmente convocávamos os poetas.
Não era raro Darío no orgasmo
não era raro Dante na madrugada
não era raro Pavese no anoitecer
dos sonhos impossíveis: fugir de barco
ir embora pra outro lugar
— Kundera: a vida sempre está em outro lugar.
No entanto
a vida
cruel
sanguínea
carnal
voluptuosa
a vida e sua dor
e seus sorrisos
estava ali
encaixada como um seio no outro
como um sexo em outro sexo.
Como a boca em outros lábios.

LE SOMMEIL, DE GUSTAVE COURBET

Se o amor fosse uma obra de arte
estaríamos ainda nuas e adormecidas
a perna sobre a coxa
a cabeça sobre o ombro — ninho —
resplandecentes e sensuais
como em *Le Sommeil* de Courbet
cuja beleza contemplamos extasiadas
uma tarde, em Barcelona
("Saímos de uma cama para entrar em outra",
você disse).

Não teríamos despertado nunca
alheias à passagem do tempo
ao transcurso dos dias e das noites
num presente permanente
de tempo paralisado
e espaço cristalizado.

Eu quis viver no quadro
quis viver na arte
onde não há fugacidade
nem trânsito.

Mas tratava-se apenas de amor
não do quadro de Courbet
de modo que despertamos
e era o barulho da cidade
e era o chamado da realidade
as tarefas cruéis
— as miudezas de que falou Darío.

Tratava-se apenas de amor
não do quadro de Courbet
de modo que despertamos
e eram os telefones as faturas

Estratégias do desejo

as contas de luz a lista do mercado
especialmente era o fútil,
o frágil, transitório,
o banal, o cotidiano,
eram os medos as doenças
as contas dos bancos
os aniversários dos parentes.

Deixamos sozinhas
abandonadas as belas adormecidas
de Courbet

sozinhas
abandonadas no museu
nas reproduções dos livros.

Tratava-se apenas de amor
quer dizer, do efêmero,
isso que a arte sempre exclui.

EXUBERÂNCIA

Ontem te desejava tão exaltadamente
    que estive a ponto de flertar com outra
só por exuberância.

BARNANIT V

O garçom do bar onde amo
escrevo sonho penso me entedio
te espero (minha segunda residência
se eu fosse uma escritora da moda
uma burguesinha da moda
uma tenista ou uma apresentadora de televisão)
o garçom do bar me sorri
apesar do calor de verão.
Trabalha demais
catorze horas de uma mesa a outra
e o pedido o mais rápido possível
qualquer dia vai se desidratar
e os médicos lhe darão pílulas de potássio
não um salário melhor
nem menos horas de trabalho.

O garçom usa camisa branca
e calças pretas
o cabelo curto
vinte e cinco anos.
Gostaria de ir dormir
mas nós fregueses de verão na cidade
somos pobres, insones e muito folgados
comemos bebemos papeamos
ele só quer ir embora
para isso se fez a revolução bolchevique?
Para isso triunfou o capitalismo?
Catorze horas selvagens
catorze horas submissas.
"Depois ainda tenho que limpar", me diz
resignado.
Não leu O *capital*
possivelmente não sabe em que consiste a mais-valia
mas a produz.

As mesas estão sujas
os restos da comida
da bebida
os banheiros também estão sujos
quando cumprir as catorze horas irá embora
mal pago
mal dormido
convencido de que este é o único sistema possível.
É verdade
eu tampouco posso lhe pagar com poemas
eu também sou mal paga.
Digo-lhe boa noite
e vou dormir
nossa jornada de bar foi longa
embora eu sim tenha lido O *capital*.

QUERIDA MAMÃE

Quando você vai morrer
para que eu possa me suicidar
sem sentimento de culpa?

A MUSA REBELDE

Hoje a musa amanheceu reivindicativa
me falou não sei o quê sobre sua verdadeira personalidade
sobre ser ela mesma
sobre não querer ser outra.
A musa está cansada
quatro anos de palco
abalaram sua resistência.
Basta de fantasias
quer ser autêntica.
Abro a janela dos sonhos
para que ela vá embora
pressinto que chegou o momento
de dizer adeus.
Ela sairá pela janela
e no chão
como um vestido puído
já sem uso
a musa será apenas vazio
apenas cinzas.
O quarto ficará muito solitário
e eu não terei um corpo
que vestir
nem um poema que escrever.

DESPEDIDA DA MUSA

Ontem expulsei a musa
por mau comportamento:
despojou-se dos véus
dos vestidos das palavras
dos versos das rendas
e quis ser ela mesma
recuperar sua identidade
falou de seus direitos femininos
e reclamou sua liberdade.

Pobre musa sem poeta
pobre corpo sem investidura
pobre mulher sem quem a sonhe.

Sei o que acontece
a musa teve inveja do poeta
já não quer ser musa
agora quer escrever versos.

ONZE DE SETEMBRO

No onze de setembro de dois mil e um
enquanto caíam as Torres Gêmeas,
eu estava fazendo amor.
No onze de setembro do ano dois mil e um
às três da tarde, horário da Espanha,
um avião explodia em Nova York,
e eu gozava fazendo amor.
Os agourentos falavam do fim de uma civilização
eu no entanto fazia amor.
Os apocalípticos prognosticavam a guerra santa
mas eu fornicava até a morte
— se temos que morrer, que seja de exaltação.
No onze de setembro do ano dois mil e um
um segundo avião se precipitou em Nova York
no momento exato em que eu caía sobre você
como um corpo lançado do espaço
me precipitava sobre as tuas nádegas
nadava entre os teus sumos
aterrissava em tuas entranhas
e vísceras quaisquer.
E enquanto outro avião voava sobre Washington
com propósitos sinistros,
eu fazia amor em terra
— quatro da tarde, horário da Espanha —
devorava teus peitos teu púbis teus flancos
huri que a vida me concedeu
sem necessidade de matar ninguém.
Nos amávamos terna e apaixonadamente
no Éden da cama
— território sem bandeiras, sem fronteiras,
sem limites, geografia de sonhos,
ilha roubada ao cotidiano, aos mapas,
ao patriarcado e aos direitos hereditários —
sem ouvir o rádio
nem a televisão

Estratégias do desejo

sem ouvir os vizinhos
escutando apenas nossos ais
mas esquecemos de desligar o celular
esse apêndice ortopédico.
Quando tocou
alguém me disse: Nova York está caindo
começou a guerra santa,
e eu, babando os teus sumos interiores,
não prestei a menor atenção,
desliguei o aparelho
milhares de mortos, cheguei a ouvir,
mas eu estava bem viva,
muito viva fornicando.
"O que houve?", você disse,
os seios balançando como úberes inchados.
"Acho que Nova York está afundando", murmurei,
comendo o teu lóbulo direito.
"Que pena", você respondeu
enquanto chupava sugava
meus lábios inferiores.
E não ligamos a televisão
nem o rádio pelo resto do dia,
de modo que não teremos nada para contar
aos nossos descendentes
quando eles perguntarem
o que estávamos fazendo
no onze de setembro do ano dois mil e um,
quando as Torres Gêmeas desabaram sobre Nova York.

De *Quarto de hotel* (2007)

*Assim ao menos restauras
uma porção estável do pretérito:
fragmentárias noções
da felicidade, rudimentos
de corpos bem-amados, noites
equívocas, inércias, ansiedades.*
José Manuel Caballero Bonald

*Justo quando ele havia decidido não escrever mais poemas,
ela começou a escovar o cabelo.*
Raymond Carver

*A poesia é um esforço do ser insatisfeito
por encontrar satisfação mediante as palavras
e, de vez em quando, do pensador insatisfeito
por encontrar satisfação mediante suas emoções.*
Wallace Stevens

MINHA CASA É A ESCRITA

Nos últimos vinte anos
vivi em mais de cem hotéis diferentes
(Algonquin, Hamilton, Humboldt, Los Linajes,
Grand Palace, Víctor Alberto, Reina Sofía, City Park)
em cidades distantes entre si
(Quebec e Berlim, Madri e Montreal, Córdoba
e Valparaíso, Paris e Barcelona, Washington
e Montevidéu)

sempre em trânsito
como os barcos e os trens
metáforas da vida
num fluir constante
ir e vir.

Não vi crescer uma planta
não vi crescer um cachorro

crescem somente os anos e os livros
que deixo abandonados por qualquer parte
para que outro, outra
os leia, sonhe com eles.

Nos últimos vinte anos
vivi em mais de cem hotéis diferentes
em casas transitórias como os dias
fugazes como a memória.

Qual é a minha casa?
Onde vivo?
Minha casa é a escrita
eu a habito como o lar
da filha desgarrada
a pródiga

a que sempre volta para encontrar rostos conhecidos
o único fogo que não se extingue.

Minha casa é a escrita
casa de cem portas e janelas
que se fecham e abrem alternadamente.
Quando perco uma chave
encontro outra
quando se fecha uma janela
arrombo uma porta.
Por fim
puta piedosa
como todas as putas
a escrita abre suas pernas
me acolhe me recebe
me embrulha me envolve
me seduz me protege
mãe onipresente.

Minha casa é a escrita
suas salas seus patamares
seus sótãos suas portas que se abrem
para outras portas
seus corredores que conduzem a recâmaras
cheias de espelhos
onde jazer
com a única companhia que não falha:
as palavras.

A INVENÇÃO DA LINGUAGEM

Ébrias de linguagem
como antigas bacantes
bêbadas de palavras
que adoçam ou machucam

pronunciamos as palavras amadas
— carne, voluptuosidade, êxtase —
em línguas diversas — *joie, gioia, happiness* —
e evocamos o gozo e a doçura
das antigas mães
quando balbuciaram
pela primeira vez
os nomes mais queridos.

As mães
que batizaram os rios
as árvores as plantas
as estrelas e os ventos

que disseram ultramar
e lonjura.

As mães que inventaram nomes
para suas filhas e filhos
para os animais que domesticaram

e para as doenças das crianças

que chamaram colher à colher
e água ao líquido da chuva

dor à pontada da ausência

e melancolia à solidão.

As mães que nomearam fogo
às chamas
e tormenta à tempestade.

Elas abriram suas carnes para parir
sons que encadeados formaram palavras
a palavra cadeia
e a palavra névoa

a palavra amor
e a palavra esquecimento.

Sabem
desde o começo
que a linguagem
é grito da voz que se faz
pensamento
mas nasce, sempre,
da emoção
e do sentimento.

CONSIDERANDO

Tendo em conta e considerando
o progressivo degelo dos mares
o efeito estufa
a extinção veloz das espécies
a fome feroz na África e a aids
as guerras religiosas no Oriente
as milhares de mulheres assassinadas
pelos homens que lhes são mais próximos
a progressão do câncer
a infibulação das meninas
o aumento do preço do petróleo
o turismo sexual na Tailândia
as múltiplas torturas impunes
o numeroso grupo de ditaduros
e ditabrandos
o tráfico de armas
o tráfico de órgãos
o tráfico de mulheres
as chacinas os genocídios
os estupros e os acidentes automobilísticos

o fato de que você e eu já não fazemos amor
é simplesmente irrelevante.

OBEDIÊNCIA

Hoje fui uma menina obediente
(uma menina obediente de mais de quarenta anos)
segui os conselhos
do manual de desintoxicação
não exigi minha dose
não telefonei pra você
nem sequer disquei o seu número pra ouvir a sua voz
e acalmar minha ansiedade
não escrevi a vigésima carta sem resposta
(nem sequer a enviei)
não olhei sua fotografia
nem as mensagens arquivadas no celular
não falei de você com ninguém
dormi e não sonhei com você
fiz os deveres
fui ao mercado
falei com o vendedor
uma conversa séria
sobre o preço do tomate
que aumenta com a greve dos caminhoneiros
ou com a greve da chuva
abri a porta do elevador para uma idosa,
um pouco mais idosa do que eu,
limpei a casa
tirei o pó dos móveis
e respondi alguns e-mails.

Agora, doutor, à meia-noite,
depois de ter sido uma menina obediente,
pode me dizer o que fazer?

Tome um comprimido pra dormir,
dirá o médico.

Quer dizer que estou fazendo uma cura de desintoxicação
amorosa
para trocar os orgasmos
pelos soníferos?
Que civilização estamos construindo!

AMOR CONTRARIADO

Quando às duas da manhã
te telefono
desesperadamente
para te dizer que faria amor até morrer
detesto que como um relógio cuco você me diga a hora
me pergunte
se tomei o remédio pra dormir
se fui ao médico
se finalmente entreguei
o artigo do jornal
se jantei
com baixo teor de colesterol.

Se tivesse feito todas essas besteiras
estaria igualmente insatisfeita

e além disso

considere
que não será nada frequente
na pouca vida que te resta
que alguém te ligue às duas da manhã
pra dizer que faria amor até morrer
porque aos cinquenta ninguém tem vontade de fazer amor
até morrer
(preferem morrer de coisas normais como cânceres
tumores infartos cerebrais).

Aos cinquenta
ninguém mais é romântico
todo mundo aceitou o fracasso
a hipoteca
o matrimônio vulgar
gay ou hétero
dá na mesma.

Só alguns loucos se perdem no mar
num barco solitário
só alguns loucos escrevem livros
só alguns loucos se embebedam
de álcoois interiores.
Só algumas loucas
ligam às duas da manhã
pra dizer
faria amor até morrer
e sem preservativo.

FIM DE ANO NO AEROPORTO

Noite de trinta e um de dezembro
no solitário aeroporto iluminado
como uma grande árvore de Natal.

Ouvem-se os passos suaves
dos pilotos que desembarcam
a caminho de casa
carregados de pacotes
e as loiras aeromoças deslizam
pela esteira rolante
como pela passarela de modelos.

Os últimos viajantes
se apressam para sair
antes que deem as doze
e um ano suceda outro
como as folhas das árvores (Homero: *como a geração das folhas,
assim a dos homens*).
Eu, no entanto, permaneço.
Encontrei a terra de ninguém
onde o tempo transcorre sem angústia
detido como num quadro
útero materno do qual não sair
porque lá fora há o frio
a solidão
a guerra
as festas hipócritas
dos que fingem ser felizes.

Quando todos tiverem ido
eu me olharei na grande vitrine
do aeroporto em penumbra
como uma igreja
passageira que não vai a parte alguma.

Os aviões descansam na pista,
ídolos caídos de uma religião
sem sacerdotisas.

LITERATURA

"Tudo você transforma em literatura",
você me critica

"tudo, amores, viagens, passeios,
discussões, tudo você transforma em
literatura",
você me critica

está exagerando

só uma mínima parte

tão mínima que às vezes penso
que não tem importância

e em todo caso
é melhor do que a morte

que transforma tudo em pó.

LITERATURA II

"Tudo você transforma em literatura",
você me critica, chorando

"quando eu te deixar com certeza vai escrever
um romance contra mim"

não exagere, mulher,

não dá para um romance

talvez só um poeminha

que depois lerei em público

e ninguém saberá que era você.

"Tudo você transforma em literatura",
você me critica, chorando

"quando eu te deixar vai escrever contra mim"

então não me deixe,
te digo, beijando seus olhos.

MATURIDADE

Contra a anorexia adolescente
o esplendor da carne madura
abundante opulenta opípara
esplêndido presente das deusas afáveis
para as senhoras
de mais de quarenta anos.

ASSOMBRO

"Me ensina", você diz, com seus vinte e um anos
ávidos, acreditando, ainda, que se pode ensinar alguma coisa

e eu, que passei dos sessenta
te olho com amor
isto é, com distanciamento
(todo amor é amor às diferenças
ao espaço vazio entre dois corpos
ao espaço vazio entre duas mentes
ao horrível pressentimento de não morrer a dois)

te ensino, mansamente, algum verso de Goethe
("detém-te, instante, és tão belo")
ou de Kafka (era uma vez, certa vez existiu
uma sereia que não cantou)

enquanto a noite lentamente desliza rumo à alvorada
através dessa grande janela
que você ama tanto
porque suas luzes noturnas
ocultam a cidade verdadeira

e realmente poderíamos estar em qualquer parte
essas luzes poderiam scr as dc Nova York, avenida
Broadway, as de Berlim, Konstanzerstrasse,
as de Buenos Aires, *calle* Corrientes

e te oculto a única coisa que verdadeiramente sei:
só é poeta aquele que sente que a vida não é natural
que é assombro
descobrimento revelação
que não é normal estar vivo

não é natural ter vinte e um anos
nem tampouco mais de sessenta

não é normal ter caminhado às três da manhã
pela ponte velha de Córdoba, Espanha, sob a luz
amarela dos faróis

não é natural o perfume das laranjeiras nas praças
— três da manhã —

nem em Oliva nem em Sevilha

o natural é o assombro

o natural é a surpresa

o natural é viver como recém-chegada

ao mundo

aos becos de Córdoba e seus arcos

às praças de Paris

à umidade de Barcelona

ao museu de bonecas

no velho vagão estacionado

nas linhas mortas de Berlim.

O natural é morrer

sem ter passeado de mãos dadas

pelos portais de uma cidade desconhecida

nem ter sentido o perfume dos jasmins em flor

às três da manhã,

meridiano de Greenwich

o natural é que quem tenha passeado de mãos dadas

pelos portais de uma cidade desconhecida

não escreva sobre isso

mas o afunde no ataúde do esquecimento.

A vida brota por toda parte
consanguínea

ébria

bacante exagerada

em noites de paixões nebulosas

mas havia uma fonte que gorgolejava

languidamente

e era difícil não sentir que a vida pode ser bela

às vezes

como uma pausa

como uma trégua que a morte

concede ao gozo.

De *Playstation* (2009)

FIDELIDADE

Aos vinte anos, em Montevidéu, escutava Mina
cantando "Margherita" de Cocciante
na tela preto e branca da RAI
junto à mulher que amava
e me emocionava

Aos quarenta anos escutava Mina
cantando "Margherita" de Cocciante
no aparelho de videocassete
junto à mulher que amava
em Estocolmo,
e me emocionava

Aos sessenta anos, escuto Mina
cantando "Margherita" de Cocciante
no YouTube, junto à mulher que amo,
cidade de Barcelona,
e me emociono

Depois dizem que não sou uma pessoa fiel.

ESTA NOITE TIVE UM SONHO

I

Esta noite sonhei que fazia amor com minha mãe
ou melhor
não conseguia fazer amor com minha mãe
porque sempre vinha alguém me interromper
com alguma besteira

minha mãe estava nua
e era muito bonita
sempre foi muito bonita
até na velhice

devia ter vinte e seis anos
a idade que tinha quando eu nasci

e estava nua
completamente nua

minha mãe me agradava muito
mas sempre aparecia alguém
disposto a interromper
e a coisa ficava nisso

Não vou contar ao psicanalista
ele vai dizer que essa não era minha mãe
apesar de ter a aparência da minha mãe

os psicanalistas adoram
que as coisas não sejam o que são
eles são pagos pra isso.

II

Que nem outro dia fui ao psicanalista
e lhe contei um sonho
contei que ia pra cama com uma mulher
jovem
mais jovem que eu
tinha vinte e seis anos
então o psicanalista
me disse que essa mulher não era outra mulher
como eu acreditava no sonho
na realidade — disse —
a mulher com quem você sonhou que ia pra cama
era sua mãe.

III

Passei um mês
perguntando a todo tipo de pessoas
— homens e mulheres —
se já tinham sonhado que iam pra cama com suas mães
e eles
— homens e mulheres —
me diziam que não
de jeito nenhum
eles e elas não sonhavam com essas porcarias

— uma coisa suja dessas —

até que me dei conta
de que não tinham mães gatas.

CONVALESCENÇA

Passei três meses na cama
com a perna direita pro alto
jogando playstation

— tinha sido atropelada por um carro.

Quando parava de jogar playstation
e procurava um livro pra ler
todos eram tristes
contavam coisas horríveis
sobre os seres humanos
— não necessariamente guerras e torturas,
mas casamentos, filhos, divórcios, infidelidades —

de modo que voltava ao playstation.

A literatura é um resíduo,
um excremento da vida.

CONVALESCENÇA II

Passei três meses na cama
com a perna pro alto
jogando playstation

— tinha sido atropelada por um carro.

Quando parava de jogar playstation
e ligava a televisão
todas as coisas que eu via eram horríveis
assaltos assassinatos estupros
guerras fofocas pornografia

de modo que voltava ao playstation.

A televisão foi presente
de uma amiga e nunca tinha sido ligada.

PARA QUE SERVE A LEITURA?

Me ligam de uma editora
pedindo que eu escreva
cinco laudas sobre a necessidade da leitura

Não pagam muito bem
quem poderia pagar bem por um assunto como esse?
Mas de qualquer forma
preciso do dinheiro

então ligo o computador e me ponho a pensar
sobre a necessidade da leitura
mas não me ocorre nada

é algo que provavelmente sabia quando era jovem
e lia sem parar
lia na Biblioteca Nacional
e nas bibliotecas públicas

lia nos cafés
e no consultório do dentista

lia no ônibus e no metrô

andava sempre de olho nos livros
e passava as tardes nos sebos
até ficar sem um tostão no bolso

tinha que voltar a pé pra casa

por ter comprado um Saroyan ou uma Virginia Woolf

Na época os livros pareciam a coisa mais importante da vida

fundamental

e eu não tinha sapatos novos
mas não me faltava um Faulkner ou um Onetti
uma Katherine Mansfield ou uma Juana de Ibarbourou

agora os jovens estão nas discotecas
não nas bibliotecas

montei uma boa coleção de livros
ocupavam a casa inteira

tinha livros em toda parte
menos no banheiro

que é o lugar onde estão os livros
das pessoas que não leem

às vezes tinha que seguir por muito tempo
o rastro de um livro lançado no México
ou em Paris

uma longa pesquisa até consegui-lo

Nem todos valiam a pena
é verdade
mas poucas vezes me equivoquei
tive meus Pavese meus Salinger meus Sartre meus Heidegger
meus Saroyan meus Michaux meus Camus meus Baudelaire
meus Neruda meus Vallejo meus Huidobro
sem falar dos Cortázar ou dos Borges

andava sempre com papeizinhos nos bolsos
com os nomes dos livros que queria ler e não encontrava

por ali andavam os Pedro Salinas e os Ambrose Bierce
a infame turba de Dante

mas agora não sabia dizer pra que diabos
tinha me servido ler tudo isso

para além de saber que a vida é triste

o que eu poderia ter sabido sem a necessidade de lê-los

Passadas cinco horas ainda não tinha escrito
uma única linha
então comecei a escrever este poema
Liguei pra editora
e falei acho que a única coisa pra que serve
a leitura
é pra escrever poemas

não posso dizer mais do que isso

então me disseram que um poema não servia,
que precisavam de outra coisa.

PONTO DE ENCONTRO

Encontrei meu antigo professor de filosofia
num enorme sex shop quase vazio, se descontarmos
as cabines onde os imigrantes batiam punheta.
Gosto dos sex shops porque me lembram
as lojas de brinquedos da minha infância. Sempre quis
ficar trancada numa loja de brinquedos,
mas não tinha vontade de ficar trancada num sex shop,
apenas dar uma olhada. Esse sex shop me lembrava também
uma biblioteca, com suas prateleiras divisórias
e seus rótulos, aqui hard porn, ali vídeos gay, aqui
sadomaso, ali queers e travestis.
Não havia ninguém no sex shop, salvo o profe e eu, de modo
que não tivemos escolha senão nos cumprimentar e trocar algumas palavras.

— Eu li seu último livro de poemas — me disse. — Gostei muito. É poderoso.
Era a primeira vez que alguém qualificava assim um dos meus livros,
e me agradou. Não era preciso acrescentar nenhum outro adjetivo.
Poderoso. Como um Porsche de última geração.

— Eu li os seus artigos sobre a disputa entre Leibniz e Hobbes — eu lhe disse — no último número da revista da universidade.

Nesse momento entrou um homem com uma mulher. Pediram um pênis de vinte e oito centímetros de comprimento por cinco de diâmetro e um bom lubrificante que fosse antialérgico, porque o último que compraram tinha causado uma irritação no pênis dele e nela um inchaço no clitóris.

— Também escrevi outro sobre as cartas de Simone de Beauvoir a Sartre — me informou. — As últimas cartas, as inéditas.

O vendedor estava explicando como deviam colocar as pilhas no vibrador e o homem perguntou se ganhava um desconto se levasse também um chicote com alcinha de couro.

— As que foram publicadas depois da morte dela? — perguntei ao professor. — Ainda não li.

Estávamos na seção dedicada a grandes tetas, mas não olhávamos para os lados, como se estivéssemos no parque. Eu pensei que estava bloqueando o caminho dele para uma das cabines, então peguei um filme sobre orgasmos múltiplos entre bissexuais e me dirigi ao caixa.

— Vou te mandar o artigo quando for publicado — disse o professor, sem se mover do caminho. As cabines estavam a poucos metros.

Saí do sex shop pensando que tinha gastado quinze euros num filme que eu não queria. Eu queria o de grandes tetas.

ESTADO DE EXÍLIO

Certa vez fui traduzida
por uma presidiária, uma presidiária branca
da prisão federal do Texas.

Tinha sido condenada a vinte e cinco anos
por ajudar uma negra a escapar.

Aprendeu espanhol

não tinha acesso ao computador

eu lhe mandava cartas
que primeiro eram lidas pela oficial da prisão

assim como os oficiais tinham lido as cartas
que eu mandava pra minha mãe

nos tempos da ditadura.

Assim são as coisas,
Marilyn Buck,
eu lhe disse.

Ela traduziu *Estado de exílio*
eu lhe mandei uma carta
e um postal de Barcelona
com as figuras de Gaudí,
Parque Güell

trocamos fotos

me pareceu uma branca profunda
e forte,
aguerrida

uma mulher convencida do que fazia

(vinte e cinco anos por ajudar uma negra a escapar).

O livro foi publicado pela City Lights.

As ativistas da causa negra
fizeram um ato numa livraria de São Francisco

Marilyn Buck não pôde ir
porque estava presa

eu também não fui

o ato poético já havia acontecido

no dia em que Marilyn Buck, na prisão do Texas,
aprendeu espanhol
para traduzir *Estado de exílio*.

MARX SE EQUIVOCOU

Eu era uma exilada
e morava num bairro de imigrantes

trabalhavam muito
ganhavam pouco

pagavam a hipoteca
e depois morriam

Um dia saí na televisão
(tinha publicado meu décimo livro)
e um vizinho me reconheceu

me olhou desconfiado

o que alguém que aparecia na Grande Tela
estava fazendo num bairro como esse?

Eu devia ser uma impostora
uma farsante
uma fingidora

No mercado
uma vizinha discutia com outra
dizendo: "eu a vi na televisão"
e a outra respondia que não
que devia ser uma mulher parecida

Alguns se recusaram a me cumprimentar
Achavam que eu tinha zombado deles

Foi nesse momento que percebi
admiti para sempre
que Marx tinha se equivocado

homens e mulheres não nascem bons
como ele disse

como Rousseau tinha dito

os dois se equivocaram

e eu também

Quase me lincham
por viver no bairro errado

e aparecer na televisão.

I LOVE CRISTINA PERI ROSSI

No portal da Amazon
aparece meu nome

ao lado de Michael Jackson
Madonna e George Clooney

vendem camisetas em três tamanhos
(pequena média grande)
para homens mulheres meninos ou meninas

as camisetas brancas
trazem uma inscrição
em letras vermelhas: I love Michael Jackson
I love Madonna
I love George Clooney
I love Cristina Peri Rossi
meu nome é mais comprido
ocupa mais espaço

Me pergunto quem terá tido
a tresloucada ideia de me amar em camisetas
da Amazon

Só gosto do "Não chores por mim, Argentina"
da Madonna
e detesto George Clooney
(Michael Jackson me dá um pouco de pena
teve uma infância difícil, como eu)

No dia seguinte as camisetas continuam ali
no portal
quem terá imaginado
que tanta gente me ama

como ainda não consigo acreditar

compro um par de camisetas I love
Cristina Peri Rossi

— Vai que você ganha algum dinheiro
— diz minha amiga — porque com a literatura
não dá nem pra comer
Pelo visto dá pra se vestir um pouco,
penso

Depois de quinze dias chegam pelo correio
as camisetas I love Cristina Peri Rossi

duas por cinquenta dólares mais dez de envio
Penso que me amar não é tão caro
poderia ser muito pior

Meu advogado diz que é inútil fazer uma reclamação
a Amazon não responde
tem uma resposta robô igual para todos

não sei a quem dar de presente as camisetas

Em mim, meu amor fica grande.

FORMAR UMA FAMÍLIA

Gostava muito daquela mulher
mas ela me propôs que formássemos uma família

ela já tinha um filho
do seu primeiro marido

tinha pai mãe irmãos e primos.

Outra família me parecia uma redundância.

— Pra que você quer outra família? — respondi.
Pra ver como o seu filho não abaixa a tampa
da privada por um medo oculto à castração
e como a sua irmã não fecha a porta do banheiro
pra não perder nada do que acontece na sala?

— Essa é a sua ideia de família?
— ela perguntou.
Não, eu também tinha outras ideias:
gente com quem eu não tomaria um café
se não dividisse um parentesco
gente que discute por dinheiro
propriedades contas bancárias
gente que não se fala por uma rixa
a respeito de cadeiras ou sofás

e que se reúne uma vez por ano
— no Natal —
sem ter vontade
e passa a noite anterior
e o vinte e cinco de dezembro
comendo e bebendo

e fazendo muito barulho.

— E você, o que faz no Natal? — me perguntou, então.

— Procuro uma rádio de música clássica
— disse —

e jogo playstation.

De *A noite e seu artifício* (2014)

A NOITE E SEU ARTIFÍCIO

Amo a noite e seu artifício
ausente a luz diurna
brilhantes os faróis
solilóquio de semáforos
que piscam seus três olhos
e pestanejam na imensidão noturna
negra como o mar
Amo a noite e seu artifício
a noite maquiada
a noite ébria de desconhecidos
abraçados às últimas árvores
como a viúvas
suspensas as certezas do dia
suspensas as rotinas da vigília

a noite feroz
de bêbados que brigam pelo último gole
a noite de mulheres-homens
e de homens-mulheres
embriagados
em sonhadora confusão original
confusão de óvulos e desejos
de espermatozoides e sonhos impossíveis

a noite feroz e sentimental
de emoções intensas e solidões íntimas
a noite argumental como um filme antigo
a noite solitária do gato órfão
e sem abrigo

a noite que nos elevava ao paraíso
com os braços em cruz
enquanto eu te amava
enquanto você me amava
e a eternidade acariciava nossos corpos fundidos

pátina de beleza
derramada sobre a face o livro
o espelho as vozes
e a pequena cicatriz do seu pé
invisível
para amantes bruscos e desatentos

Amo a noite dos amores sagrados
como o vinho e o pão
como o cálice e a hóstia

A noite dos amores
que duram a vida toda
a vida de algumas horas
a vida de um minuto

sonhadores de artifícios
que se destroem
com a luz do dia
quando tudo volta à normalidade
isto é
ao plástico e ao Facebook.

O AMOR EXISTE

O amor existe
como um fogo
para abrasar em sua beleza
toda a feiura do mundo.

O amor existe
como um presente das deusas
benignas
aos que amam a beleza
e a multiplicam
como os pães e os peixes.

O amor existe
como um dom
só para aquelas que estiverem dispostas
a renunciar
a qualquer outro dom.

O amor existe
para habitar o mundo
como se fosse
o paraíso
que um amante distraído perdeu

por preguiça
por falta de sabedoria.

O amor existe
para que estalem os relógios
o longo se torne curto

o breve infinito

e a beleza apague
a feiura do mundo.

COMUNHÃO II

Te amo, me disse,
e ungiu o dedo indicador
com gotas de sangue menstrual
que estampou em minha boca
chave secreta
códice sagrado

doce sabor de tuas entranhas
manancial fecundo
semente de palavras iniciáticas

célula original
Tudo nasce em ti
como da terra
como do mar
com sabor de concha
com sabor de alga
com sabor de mel

tudo nasce dessa gota
que encerra o mundo
e seu furor
o mundo e sua ternura
o mundo e sua dor
o mundo e sua alegria

como quando dolorida
te queixas de teus óvulos encapsulados

e eu deposito minhas mãos cálidas sobre teu ventre
lambo tuas lágrimas

cunho tua dor e a embalo

tua dor é a minha
partenogênese a que chamamos amor.

COMUNHÃO IV

Como os guerreiros antigos bebiam
o sangue
de seus rivais mortos

eu bebo teu sangue menstrual

e sou tua irmã

tua amante e tua parente

aquela que ao te beber
adota teus gestos
tuas palavras
tuas virtudes

aquela que estabelece um pacto de honra
e de amizade

que nenhum falo destruirá

nem o falo da espada
nem o falo do poder

nem o falo do dinheiro ou da fama
e o exército de falinhos

como um priapismo mortal.

TERRA DE NINGUÉM

Agora que todas as regiões
querem ser nações
eu busco a terra de ninguém
um lugar sem nome
que ninguém reclame
um lugar de passagem
transitório como a vida mesma
sem pátria
sem bandeiras
sem fronteiras
sem língua identitária
mais que a língua da poesia.
Território dos sonhos
onde tudo está por começar
onde tudo está por explorar.

CONDIÇÃO DE MULHER

Destruídas, arrebentadas, estupradas,
maltratadas, feridas, arrebentadas,
crucificadas, arrebentadas, dessangradas,
arrebentadas, perseguidas, torturadas,

SELVAGENS

CONSUMIDAS

Já sem voz

sem fé
sem alento

sem espera

Falemos por suas vozes
pronunciando lentamente cada letra:

M-U-L-H-E-R-E-S-D-E-J-U-Á-R-E-Z:

JESUS CRISTAS.

O GRANDE ESPETÁCULO DO MUNDO

Tenho contemplado com pavor o Grande Espetáculo do Mundo.
Homens guerreando homens estuprando homens esquartejando
[homens torturando
rinhas querelas sequestros desaparições — torturas.

Contemplei com pavor o Grande Espetáculo do Mundo.
Hitler Stálin Mao Franco Somoza Stroessner Videla Duvalier
Ho Chi Minh Trujillo Pinochet Fujimori Marcos Idi Amin

e os ditadorezinhos de dentro de casa
os domésticos
os de esta é minha mulher meu carro minha casa minha pistola
meu pênis

eu os vi na vida real — Videla —
e na porta da minha casa — meu pai —

eu os vi no cinema — *Nove semanas e meia,
Noite e neblina,* os cem dias de Salò —
e os li — o marquês louco e Miller, o grande
fornicador, o bêbado Bukowski e os pornógrafos
baratos —

vi seus quadros — Balthus, Bacon, Courbet —

e suas fotografias — a menina fugindo do napalm
e os lírios de Mapplethorpe —

vi suas touradas
seus *correbous*
suas rinhas de galo

vi seus partos dolorosos
e as tripas reviradas

às vezes pago o ingresso do cinema — *Biutiful* —
para sofrer um pouco mais

e no entanto
apesar de tudo

quando você se aproxima de mim
sorrio

você me dá uma flor e sorrio

me beija e sorrio

lembro de você e a ternura inunda meu coração.

Fomos condenados em outra vida que não posso recordar
a viver assim,
entre o céu e o inferno,
o inferno são os outros, é verdade,

salvo quando você me beija,
salvo quando te sorrio.

ESTADO DE SÍTIO

Aquela vez
— estado de sítio na cidade
sirenes ambulâncias tanques verdes
como pesados lagartos
e o medo crescendo como erva daninha —

acreditamos que seria a última vez.

Fizemos amor com a intensidade da agonia

amar antes de morrer
amar até morrer

fizemos amor com o desespero
da partida

e teus gemidos eram a dor do orgasmo
teu pranto o pranto da perda na união.

Os soldados não chegaram,
passaram ao largo ou
foram para outra casa.

Nunca mais houve uma noite como aquela

compartilhar o medo
o terror o pânico
une mais do que compartilhar a felicidade
a bem-aventurança.

Desde então,
busco a intensidade em outra parte
e não a encontro nas drogas
nem no álcool
nem nas orgias

a intensidade está no meu interior
colada à minha fantasia.

De *As replicantes* (2016)

EXÍLIO

Aos vinte e nove anos me exilei
com poucas coisas:
uma mala velha
(tão velha como a de Walter Benjamin
como a de Antonio Machado)
um livro de poemas inéditos
e muitas folhas em branco
Chorava nas estações
chorava na rua Balmes
Barcelona
filha putativa de Vallejo
Cristóbal Toral pintou todas as malas
do exílio
dos imigrantes
eu me perdi nas ruas de uma cidade
Barcelona
que vai dar no mar
que é o morrer e naveguei em sonhos
que não têm fronteiras
O amor foi a barca
Eros o barqueiro.

FECUNDAÇÃO

Eu te fecundei te preenchi de mim
inundei teu ser vazio
como a vagina de teu corpo
como teu útero
te preenchi de palavras e de recordações
de encontros e de memórias
preenchi tua lacuna com meus gestos
com minhas façanhas
e depois de te fecundar
fui embora
me retirei para descansar
como uma fera saciada
com a boca sangrenta
teu ventre tua memória e teu ser
estavam cheios
resmungas murmuras ainda
em noites de vigília
engendrarás um monstro pequenino
um ser tão faminto quanto tu
Não estarei para te alimentar de novo
tua dieta será pobre
palha e ossos secos
mas guardarás memórias
de alegrias e de hinos
de palavras e de ritos
de um paraíso cifrado
que habitamos como Eva e seu óvulo
partenogenético, Eva.

SOLIDÃO

Aos sessenta anos me encontrava sozinha
sentada às seis da tarde
num banco vazio da praça

Não podia voltar pra casa
porque minha mulher havia descoberto
que eu tinha uma amante

não podia ir pra casa da amante
porque ela havia me abandonado

e não podia ir pra casa da outra ex
porque havia me proibido de voltar

de modo que quando começou a chover
e não restava ninguém na praça

além dos bancos desolados
e dos galhos pendentes dos salgueiros

fui pra um hotel
meditar sobre por que minha vida emocional
era tão complicada aos sessenta anos

No maldito hotel três estrelas
— o único que eu podia pagar por uma noite —
não havia nenhum livro pra ler
nem um jornal
só a estúpida televisão
de modo que liguei num canal
e tomei uma garrafinha de uísque
do minibar
Passavam filmes de assassinos
psicopatas viciados e policiais corruptos
e eu sem poder falar com ninguém

De modo que liguei pro Serviço de Socorro
a Pessoas Desesperadas do Município
mas me informaram que estava fora de serviço
por causa de um defeito no sistema
Então me embebedei pensando
que tudo neste mundo acontece
para se fazer filmes ou literatura
ainda que sejam filmes ruins
e literatura ruim.

A SEXUALIDADE DA LITERATURA

Recebo um convite para dar uma conferência
sobre a sexualidade na literatura

pagam pouco

mas estou sem um puto

e o dinheiro cairia bem para comprar
um novo par de botas para o inverno

a sexualidade na literatura?
Me pergunto a que se referem
se à sexualidade dos personagens
dos autores das agentes literárias
ou dos editores
todas têm uma coisa em comum: são insatisfatórias

como a dos pedreiros das modelos
dos jogadores de futebol dos apresentadores de tv
e dos astronautas

Freud disse que o homem ou a mulher satisfeitos
de si não amam

tampouco desejam

muito bem, mas o que isso tem a ver com a literatura?
Poderia dizer por exemplo que a literatura
tem sexo feminino mas isso é confundir gênero com sexo

Ligo para a instituição que me convidou a dar a conferência
quero averiguar algo mais sobre o tema

me atende a secretária

pergunto se o tema se refere à sexualidade na literatura
da literatura dos personagens ou dos autores

não me responde, bloqueia a chamada e comenta com alguém:
— Uma paranoica na linha falando de sexo e literatura.

AS REPLICANTES

Passei quatro anos tentando descobrir
quem você me lembrava
quem você evocava
quando eu te amava
quando dizia te quero
ou ia contigo ao cinema

Nada muito profundo
simplesmente uma suspeita
a síndrome de Rebeca

alguém que está por trás de outra pessoa
de forma tão leve
tão sutil

que nunca chega à consciência

Na noite passada
depois de uma leitura de poemas
assinava exemplares
do meu último livro

uma mulher se aproximou
a reconheci
tinha passado só uma noite com ela
nem sequer uma noite completa
nem sequer uma noite muito boa

eu tinha fugido vergonhosamente
de sua loucura

a reconheci
esse olhar um pouco desequilibrado
(o descontrole entre os olhos e a boca
que expressam coisas diferentes

até opostas)
o sorriso sádico e às vezes masoquista

o tremor das mãos
entre a onipotência e o desamparo
uma beleza ferida
uma beleza dolorida

nos cumprimentamos
(ah, essa nova submissão que eu não conhecia
e se devia exclusivamente ao falo
de ter publicado um livro)

assinei seu exemplar
mas agora eu tinha feito uma grande descoberta
agora sabia quem você me lembrava vagamente
você se parecia com ela
de uma forma impessoal e intransferível
de uma forma que estava em minha cabeça
só que quatro cinco anos atrás
na noite em que me deitei com ela
foi porque me lembrava outra
outra mulher que eu tinha amado
dez anos antes
e não deu muito certo

mas aquela outra mulher
— a que amei dez anos antes —
me lembrava outra anterior
que eu tinha amado intensamente
e agora estava com câncer

uma cadeia de replicantes

os elos de uma biografia de amor

cheia de espectros
que conduzem de uma mulher para outra
como os afluentes de um rio

que vai dar no mar
que, é claro, é o morrer

A não ser que aquela mulher que amei
intensamente na minha juventude
fosse alguma outra
que não posso recordar.

RG

Amo a desconhecida que jaz ao meu lado
adormecida
depois do amor
embalada por minhas palavras
que são líquidas são de água
fugazes como a memória das algas.

Amo a desconhecida
que ri ao meu lado e treme
a quem penetro lentamente
sem me perguntar quem é

e no alvoroço dos seus órgãos
há um texto milenar por decifrar
um códice antigo
cujos fonemas e sintagmas ignoro
gozosamente.

Por fim
aprendi a lição:
não perguntes nunca quem é aquela
a quem desejas

não esperes nenhuma revelação de identidade:
ama teus fantasmas

se ela

a atriz

seduzida por tuas palavras como moedas e aplausos
também finge que te ama.

4 AM

Às quatro da manhã
no box número 7
do Hospital Clínico

conectada a um desfibrilador aórtico
escuto minha vizinha de box
(oitenta e quatro anos, infarto do miocárdio)
gritar que há uns bichinhos dançando no teto
um é fêmea outro é macho.

Uma fina cortina de linho nos separa
e impede que nos vejamos.
"Você não vê?",
me pergunta sem me conhecer.
Digo que não,
devem ser as tomadas do ar-condicionado.
"Mas dançam", insiste a mulher.
Me pergunto por que eu não deliro
talvez porque se delirasse como minha vizinha
poderia lembrar de como você me amou
há duas noites
num apartamento em Barcelona
e isso não faria bem ao meu coração cansado.

De *A roda da vida* (2023)

Para Rosa

A RODA DA VIDA

Como num tapete verde de roleta
a bola perversa da vida gira gira e às vezes se detém.
Ah, o 17 era o reencontro ansiado
com o primeiro amor adolescente
agora já velha e avó mas ainda de olhos celestes.
Obrigada, bola Messenger, não era necessário.
Preferia ter ficado com a doce e dolorosa lembrança.
Vou jogar em outra mesa.
Agora o Blackjack
aparece uma carta antiga:
é um amor impossível com uma loira judia
de pais ortodoxos
que alarmados por nosso amor
a casaram depressa com um arquiteto judeu.
Me diz que não é feliz em Israel.
Bem, é difícil viver entre misóginos
que leem a Torá excluindo as mulheres
e neste inverno a pneumonia me pegou duas vezes.
Volto à roleta e agora o 18 me surpreende
com uma lembrança inesperada.
É a charmosa venezuelana
que exclamava: "É tão belo como uma morte lenta"
e eu ficava estupefata.
Estou morrendo lentamente
e a bola segue girando para todos e a beleza
é esta orquídea que floresce pelo quinto ano
(não sei como as plantas contam os anos)
e o cachorro que me olha intensa
e sabiamente:
decerto entre os dez mil cheiros
que é capaz de distinguir
descobriu um que o faz sentir pena de mim.

QUARTO 424

"A vida é um conto sem sentido cheio de som e fúria
narrado por um idiota" (Shakespeare).
Talvez se essa fosse a única coisa
que nos ensinassem
desde o princípio
e dogmaticamente
como uma religião
não teriam existido nem guerras
nem amores nem desamores
nem eloquência nem estupros
nem arranha-céus
e já tivéssemos desaparecido
como os dinossauros extintos.
Nem certamente o quarto 424
do hospital
entre acessos tubos a lembrança de você
e de outras
de você de você
e a leitura do jornal
que me lembra que a vida é um conto sem sentido
cheio de som e fúria
narrado por um idiota.
Essa idiota sou eu.

ELOGIO DA VELHICE

Posso acordar às seis da manhã
e sem sair da cama
olhar pela janela
o lento espreguiçar do dia.
Algumas nuvens brancas
outras cinza de poluição
ouvem-se latidos distantes de cães
um caminhão que desembucha centenas de garrafas vazias
num contêiner
com grande estrépito de vidros
como lascas de um mundo quebrado
de cristal e anfetaminas.

Posso escutar o rugido das britadeiras matutinas
que perfuram o asfalto
como o útero de mulheres
violadas por homens que diziam que as amavam.

Agora há um duelo de latidos
mas não: é o efeito da empatia
os neurônios-espelho de um cão que começa a latir
fazem latir outro cão
e de repente todos os cães da cidade estão latindo
como ambulâncias enlouquecidas.

Posso ver avançar um halo azul pelo céu
a luz matinal rosada e celeste
e o barulho dos ônibus ao frear.

Posso não trabalhar
não me levantar da cama
e não abrir o computador nem o celular
porque já não trabalho
nem consumo mais que o imprescindível
folhas de chá lentilhas uma banana e uma laranja

livre para sempre dos restaurantes barulhentos
e dos menus baratos
ou dos restaurantes chiques
onde os riquinhos pagam uma fortuna
pela vagem de uma ervilha recheada
de camarões ou um sorvete
de prepúcio de menino coreano
com xarope de cerejas.

Posso assistir a filmes antigos
e reler livros esquecidos.
Livre para sempre
do oprobrioso culto
à atualidade.

PREOCUPAÇÕES INFANTIS

Quando criança estava muito interessada
em saber se havia mais mortos que vivos.
Também me interessava saber
por que as pedras não falavam
do que eram feitas as plantas
já que não tinham sangue nem pele
nem eram de lã como as echarpes.
Queria saber como se penduravam
as estrelas no céu
e quantas eram no total
por que as mulheres não usavam calças
e por que cinco vezes zero era zero
mas cinco mais zero era cinco.
Percebia certa confusão no mundo
e estava convencida
de que só conhecendo um problema
em todas as suas partes
era possível resolvê-lo.
Não entendia por que a idade
não incluía os nove meses de gravidez
nem o rumo das formigas sempre agitadas.
Os guarda-chuvas pretos
com sua maneira violenta de se abrir
me davam medo
e não entendia por que no verão
tinha que usar sapatos brancos.
Tudo isso e muito mais
me provocava curiosidade
e dormir me parecia uma perda
de tempo
mas jogar futebol não
porque me divertia.
Muitos anos se passaram.
Aprendi algumas coisas
mas ignoro a imensa maioria

de modo que erro me equivoco
te amo quando você não me ama
e você me ama quando eu não quero.
Ou seja o mundo continua tão confuso
e desordenado como sempre
mas não tenho a desculpa de ser criança
nem tampouco seu assombro.
Eu o aceitei resignadamente:
jamais entenderei a fórmula da relatividade de Einstein.

ÁRVORE DE NATAL

Na noite de neon do hospital em silêncio
os tensiômetros de pé como guerreiros alinhados em fila
um ao lado do outro
parecem uma unidade de soldados prontos para o combate.
Quando trocar o turno
sairão um a um
a matar os doentes.

As enfermeiras são quase todas *sudacas*
(peruanas equatorianas dominicanas
venezuelanas)
mulheres e estrangeiras
para lhes pagar menos e explorar mais.
Ainda assim é preferível: das *sudacas* se pode esperar
um sorriso um cumprimento um pouco de empatia.
Conhecem a dor da emigração e isso
as torna mais humanas.

Já as faxineiras são de origem africana
e não sabem o idioma: para limpar
não é necessário falar.
Penso que todas juntas: enfermeiras faxineiras e eu
poderíamos cantar "A Internacional"
mas elas não a conhecem. Só conhecem alguns rezos
e orações tradicionais. Assim mesmo lhes proponho um coro.
Elas que cantem e louvem seus santinhos de cada aldeia
e eu os *filhadaputa* que fodem as mulheres
de todas as culturas e religiões.

A enfermeira mais viva e saltitante
coloca vários tubos no suporte
das sondas que conduzem
às minhas veias
e me diz entusiasmada:
"Olha que lindo com tantos tubos

parece uma árvore de Natal!".
Para mim parece mais
a estaca de um espantalho
no inverno. Sou o espantalho
tenso que se inclina sem querer
cabeça baixa e pescoço torcido
bicado pelas aves.

Alguns doentes tossem
gemem deliram um pouco.
Os moribundos chamam por uma mãe
morta há muitos anos.
Só uma doente (hepatite C)
chama pelo pai
também ausente.
Me inspira curiosidade:
por que o pai e não a mãe como de costume?

Então me dou conta de que eu
nunca chamei por ninguém
nem quando o carro me atropelou
nem quando caí de uma escada
nem quando tive pneumonia
ou gripe A.
Nunca uma queixa
nunca chamei ninguém:
será que nunca me senti protegida por alguém ou é pudor
ou repressão?

REFLEXOS

Escrevo poemas
converso
conto contos
vejo filmes.
Ah, o poema de León Felipe
(em Auschwitz na solidão de um menino morto de frio
rumo ao matadouro que nem um frango pelado
todos os violinos se calam).
Escrevo poemas
converso
vejo filmes
que bela e melancólica Monica Vitti
passeando na imensa solidão
de um enorme pavilhão industrial
cheio de máquinas onde não se ouve nada
além do ruído de motores
(*O deserto vermelho*, Antonioni)
que arrebatadora beleza
a desse homem solitário
de costas ante a imensidão
do céu e do mar
(Caspar David Friedrich)
mas ontem um homem atacou uma menina de treze anos
no patamar da escada
onde ele também vivia.
Ele a atacou agarrou estuprou e matou
enquanto seu pai a esperava
a apenas vinte metros da casa
e sua mãe
— a do assassino —
morria de câncer num hospital.
Ele também tem uma filha
uma filha da mesma idade (treze anos).
E aqui que se cale papai Freud
que se calem vovô Jung

e mamãe Kristeva.
Aqui que se calem Borges
e Cristina Peri Rossi
que preferem o reflexo da vida
à vida mesma
porque na arte se sofre com beleza
e não sei que beleza pôde perceber a menina
de treze anos empalada crucificada por um valentão.
Na vida ao contrário se sofre com sujeira
urubus trapos sujos gritos muros
que caem
sangue nos corredores corpos destroçados
e membros partidos.
Ê, cuidado.
Não pise um útero desmanchado pelo chão
nem uma cabeça cortada.
Pise este poema ou todos os poemas deste mundo
e se sofrerá menos
muitíssimo menos
ninguém sofrerá.
E se a origem de tanta dor está
no cromossomo Y que faz dos homens homens
diferentes das mulheres
por favor
fabriquem robôs sem o cromossomo Y
e então
talvez
poderemos amar algo mais
que o reflexo da vida.

HOSPITAL EM BARCELONA

Um enfermeiro me ajuda a subir
na cadeira de rodas
enquanto a enfermeira tira a minha sonda.
"Que bunda, que bundão você tem, é bem do tipo que eu gosto
de montar!", ele diz à enfermeira
e esta solta uma gargalhada
que se escuta até no corredor do hospital.
"E eu gosto é que me montem!", responde a enfermeira
enquanto vou a cento e dez pulsações por minuto.
"Você vai ver o que é uma boa montada", diz ele
enquanto meu coração quer sair pela boca.
Chega o maqueiro para me conduzir até o elevador.
É jovem. É magro franzino moreno tímido
delicado e silencioso. A cor de sua pele é escura e opaca
suave, e as sobrancelhas são mais negras.
Minhas pulsações parecem ter diminuído. "De onde você é?",
pergunto com a mesma suavidade com que ele
me desliza pelos ladrilhos do hospital.
"De Honduras — me diz.
— Ninguém sabe onde fica Honduras."
"Eu sei onde fica, mas não conheço", digo.
"Não tem trabalho — diz ele —
mas o céu é completamente estrelado.
Tantas estrelas que parece estar debaixo do universo.
E as flores. Honduras é cheia de flores
de verde, e chove, chove muito
às vezes parece que não vai parar nunca",
descreve com nostalgia.
"Você sente muita falta de lá?", pergunto.
"Só espero que quando voltar o céu esteja tão cheio de estrelas
a terra de flores, que chova muito
e eu possa sentir o cheiro da terra molhada."

Chegamos. A porta do elevador se abre.
"Feliz regresso, seja quando for", digo eu,

que há vinte anos não regresso a Montevidéu,
minha cidade.
Lá também as noites são perfumadas
e cheias de estrelas.
E entro na sala de ecocardiograma com o rosto
do jovem moreno de pele delicada como uma flor
em lugar da bunda grande da enfermeira
e da besta que queria montar nela.
Oxalá o maqueiro possa voltar a ver as flores
e o céu estrelado.

SUA MORTE NÃO SERÁ ESQUECIDA

Telefono para minha mãe
tem noventa e nove anos
e muita vontade de viver
está relativamente sã e contente
eu tenho trinta a menos que ela
de idade
e de vontade de viver
de modo que lhe pergunto
qual é a fórmula
a fórmula para desejar a vida
aos noventa e nove anos
e ela me responde: "O egoísmo, filha,
o egoísmo
e a falta de memória".
Esquecer tudo:
eis um dos benefícios do Alzheimer
e eu que sempre me orgulhei
de minha boa memória.
"Por isso não foi feliz — diz ela —
você se lembra demais."
Então pela primeira vez tenho
um pensamento agradável no dia
penso que minha mãe se esqueceu
da vez em que aos vinte e um anos
tentei me suicidar.

COMPANHEIRA

Solidão, eu te conheço
brincamos juntas na infância
e choramos as dores em silêncio
você estava a meu lado
companheira
solidão, percorríamos as ruas
perambulávamos
e ninguém nos via
vagabundas e noturnas.
Depois te abandonei
me esqueci de você
tive outros amores
e pensei que você não voltaria mais.
Agora
você está aqui outra vez
envelhecida feia rancorosa
e cansada.
Solidão, te conheço
às vezes você me quer às vezes eu te quero
você me reconhece eu te reconheço.
No fim
você será a última a estar ao meu lado
como no princípio
mas dessa vez
definitivamente.

AUTOBIOGRAFIA

Vivi fora da tribo
à margem das manadas
e conheci o repúdio dos chefes
o anátema dos sacerdotes
e a perseguição dos soldados.
Não fui porém uma heroína
senão uma excêntrica
isto é alguém que foge do círculo
do triângulo e da televisão.
Amei alguma música e a beleza
tão passageira como um pássaro em fuga
e Fausta arrebatada
certa vez quis reter o belo instante
que se esfumou como voluta como vento como onda
como gota d'água como lembrança.
Nem mais
nem menos.

De *Fata Morgana* (2024)

FATA MORGANA

Aquele baixel do século XVII
que apareceu nas águas
entre a bruma do calor
e a bruma do frio
enquanto caminhávamos na areia
de cor ocre
do século XXI
estava vazio
estava morto
Fata Morgana
fantasma do que seríamos
num instante:
mais leves
que uma foto antiga.

A NAVE DOS DESEJOS E DAS PALAVRAS

Os antigos imaginavam uma imensa torre
onde os humanos misturados como os peixes no mar
lutavam para impor sua língua como um falo
suas sílabas como espadas.
Eu ao contrário imagino
uma imensa nave como útero de baleia
onde as palavras navegam sem cessar
disputam desfrutam se amam e pelejam
descansam em poltronas deixadas ao sol
trocam entre si sandálias e túnicas
e depois, saciadas de sal, de sol e de lutas
amam-se para conjugar os verbos.

Fata Morgana

UM AMOR DOS PEQUENOS

Passada a idade dos grandes amores
— cheios de estrogênios e de hormônios
bem como de mal-entendidos e dificuldades —

volte os olhos para os pequenos
os pequenos amores:
o amor do padeiro pelo pão

o amor da viúva por sua horta
o amor da minha amiga Andrea por sua gata Frida

o amor do médico pela criança com leucemia

o amor do livreiro pelo cheiro do papel

o amor do cozinheiro pelas batatas.

Não são dos grandes
não são paixões excludentes
não há delírios orgias nem explosões de ciúmes

não fazem tanto barulho
não terminam com um frasco de comprimidos
ou um silêncio eterno e rancoroso

Peça-me um amor dos pequenos
não dos grandes
e eu te darei um amor dos pequenos
não dos grandes

O tempo a tudo devora
especialmente
as coisas grandes
(Dido, Enéas, Dante, Beatriz,
Tristão, Isolda, Romeu, Julieta)

mas às vezes tem piedade da avó
solitária e de sua gata
e lhes permite chegar à velhice
sem devorá-las antes do tempo.

PROIBIÇÃO

Me disseram que você proibiu pronunciar
meu nome em sua casa
como a ditadura proibiu meus livros
minhas fotos minhas aulas

passei de uma ditadura política
a uma ditadura privada

mas não se esqueça: todas as ditaduras caem
cedo ou tarde

e enquanto você proíbe pronunciar meu nome
em sua casa
outra mulher, em meus ouvidos, o pronuncia a cada
noite, a cada manhã,
o escreve com spray nos bancos da praça
e em seus poemas
A mão grande das ditaduras
não pode tapar sua boca
nem apagar a inscrição no banco da praça

Ao me proibir, você se proibiu
mas com uma diferença: enquanto outra me nomeia
você não tem ninguém para te nomear.

MARILYN E EU

Nem sempre gostei de Marilyn
digamos que me enternecia
toda essa história do estupro
quando criança igual a mim

às vezes me sentia identificada com ela

mas eu era mais sincera: ela disse que dormia com
Chanel n° 5

eu durmo com dois uísques e um diazepam dez.
Economizo muito no perfume.

ESTRANHAS RELAÇÕES

Quero falar de Esmé e de seu irmão, do encontro com um triste soldado
norte-americano em licença,
de Salinger e de Esmé e da sordidez,
do idílio entre Marlene Dietrich e Greta Garbo, que durou muito pouco
porque ambas gostavam das mesmas mulheres.
Quero falar dos filmes de David Cronenberg e dos contos de
[William Saroyan
de como meus alunos do pré-universitário queimaram os arquivos judiciais
da ditadura que pretendia me expulsar da cátedra por ser esquerdista.
Quero falar da solidão
das mulheres dos quadros de Hopper
e da tomada da Renault em Paris
em sessenta e oito.
Quero falar do proeminente sexo depilado da minha última amante
e da volta das religiões e dos nacionalismos agora que já não existe
a utopia comunista
e dos bonobos
esses animaizinhos ocupados o dia todo em foder e se acariciar
algo que nós ainda não aprendemos a fazer
e consideramos primitivo
porque admiramos um edifício de Norman Foster e um quadro de
[Francis Bacon
que amou sua mãe e odiou seu pai
igual a mim
e morreu solitário e ignorado num hospital de Madri
porque não encontrou seu namorado
e para os enfermeiros e enfermeiras
do hospital de Madri
seu nome não queria dizer nada.

HOSPITAL III

Na noite escura e solitária do hospital
de repente se ouve o choro violento de algum recém-nascido
vindo da ala da maternidade. Recém-nascido e já chora.
Sabe o que o espera.

VELHICE II

Antes de morrer
uma última tortura
desdobrar-se
para contemplar nosso passado
com inédita lucidez
sem sentimentos
talvez só um pouco de ternura
pela criança que fui
solitária ingênua e sonhadora
pela adolescente que fui
solitária ingênua e sonhadora
e observar com equanimidade
os erros próprios e alheios
para descobrir que tampouco eles
importam agora.
Nada nunca
neste mundo
pode desfazer o grande mal-entendido
apesar do qual não nos suicidamos
porque já estamos velhos demais pra isso
ou por temor de falhar no intento
e que esse seja ao fim e ao cabo
o último erro de nossa vida.

SEM REMETENTE

Sem remetente
Amo a quem amei
o amor só morrerá
quando eu morrer
não antes
pois o que amei é uma fonte inesgotável
onde nadam os pássaros da lembrança
flutuam os desejos insatisfeitos como peixes na água
Amo a quem amei
E o afastamento e a distância
são apenas estratégias
para continuar amando
e que a dor ou a aversão
não destruam o sagrado do amor
que é sua vida em minha memória
ainda que você não o mereça.
O amor não se merece nem se ganha
o amor é um dom
que se entrega sem remetente

SIMBIOSE

Sou minha própria mãe.
Eu pari a mim mesma
e me iluminei
depois de me conceber
eu criei a mim mesma
e me alimentei
e passei frio
e passei solidão
e conheci a dor de não saber
e a alegria da aprendizagem
eu
devorei minha placenta
bebi meu sangue
e me alimentei dos meus tecidos
lambi minhas feridas com minha própria saliva
e sofri
chorei em silêncio
me envolvi em minha dor e uivei
como uma loba ferida
eu cresci das minhas raízes
e implantei a mim mesma.
Eu fui minha própria mãe
e minha filha ao mesmo tempo
simbiose
que nem a morte destruirá.
Morrerei de minha mãe e de minha filha.

ÍNDICE DOS POEMAS

De *Evoé* (1971)

Dedicatória 13
Prólogo 14
Convite 15
[Lendo o dicionário].. 16
Gênesis... 17
Gênesis III 18
Teorema 19
[As palavras] 20
Oração... 22

De *Descrição de um naufrágio* (1975)

Dedicatória 25
XII 26
XXVII.. 27
XXXII.. 28
XXXIV 29
XXXIX.. 31

De *Estado de exílio* (1973-1975)

I 35
Carta de mamãe.. 36
Aos pessimistas gregos 37
XI... 38
Os exilados 39
XIV... 40
XV 41
XVI... 43
XXI... 44
A viagem 45
Elogio da língua 47

De *Diáspora* (1976)

[Tudo estava previsto] 51
Projetos.. 52

[Aos poetas que louvaram sua nudez] 53
[Poderia escrever os versos mais tristes esta noite] 54
[Antes do cessar-fogo] 55
Alejandra entre lilases 56
Aplicações da lógica de Lewis Carroll 57

De *Linguística geral* (1979)
I 61
III 62
VII 63
XIX 64
XXII 65
4ª Estação: Ca' Foscari 66

De *Europa depois da chuva* (1987)
Infância 69
O navio dos loucos 70
Europa depois da chuva 71
Cifras 72
Símile 73
O regresso de Ulisses à pátria 74
Noturno pluvioso na cidade 75
Aos amigos que me recomendam viagens 77

De *Babel bárbara* (1991)
Os filhos de Babel 81
Amar 82
A estrangeira 83
A transgressão 84
A paixão 85
O parto 86

De *Outra vez Eros* (1994)
Genealogia 91
Condição de mulher 92
Antropologia 93
Filosofia 95
Happy end 96
Fim de trajeto 97

Depois 98
Lendo S. Freud 99

De *Aquela noite* (1996)
Instinto 103
Humildade 104
Meus contemporâneos 105
Teoria literária 106
História de um amor 107
Poetas 109
Contra Flaubert 110
Simulacro 111
Monólogo 112

De *Imobilidade dos barcos* (1997)
Ecologismo 115
O combate II 116
Segunda vez 117
Leitura 118
Alegria de viver 119
A fratura da linguagem dos linguistas aplicada à vida cotidiana 121
Oração 122
A falta 123
Biografias 124

De *As musas inquietantes* (1999)
A sedução 127
O viajante sobre o mar de névoa 128
A origem do mundo 129
As musas inquietantes II 130
Assim nasce o fascismo 131

De *Estratégias do desejo* (2004)
Viver para contar 135
Estratégias do desejo 136
Medo 137
Um ciclo inteiro 138
Le Sommeil, de Gustave Courbet 140
Exuberância 142

Barnanit V 143
Querida mamãe 145
A musa rebelde 146
Despedida da musa 147
Onze de setembro 148

De *Quarto de hotel* (2007)
Minha casa é a escrita 153
A invenção da linguagem 155
Considerando 157
Obediência 158
Amor contrariado 160
Fim de ano no aeroporto 162
Literatura 164
Literatura II 165
Maturidade 166
Assombro 167

De *Playstation* (2009)
Fidelidade 173
Esta noite tive um sonho 174
Convalescença 176
Convalescença II 177
Para que serve a leitura? 178
Ponto de encontro 181
Estado de exílio 183
Marx se equivocou 185
I love Cristina Peri Rossi 187
Formar uma família 189

De *A noite e seu artifício* (2014)
A noite e seu artifício 193
O amor existe 195
Comunhão II 196
Comunhão IV 197
Terra de ninguém 198
Condição de mulher 199
O grande espetáculo do mundo 200
Estado de sítio 202

De *As replicantes* (2016)

Exílio 207
Fecundação 208
Solidão 209
A sexualidade da literatura 211
As replicantes 213
RG 216
4 AM 217

De *A roda da vida* (2023)

A roda da vida 221
Quarto 424 222
Elogio da velhice 223
Preocupações infantis 225
Árvore de Natal 227
Reflexos 229
Hospital em Barcelona 231
Sua morte não será esquecida 233
Companheira 234
Autobiografia 235

De *Fata Morgana* (2024)

Fata Morgana 239
A nave dos desejos e das palavras.............. 240
Um amor dos pequenos............................. 241
Proibição.. 243
Marilyn e eu... 244
Estranhas relações 245
Hospital III... 246
Velhice II 247
Sem remetente 248
Simbiose... 249

POEMAS ORIGINAIS EM ESPANHOL

DE *EVOHÉ* (1971)

DEDICATORIA

Le escribí muchos poemas
en realidad hasta sufrí un poco por ella.
El otro día la vi almorzando en un bar
y el hombre que la acompañaba
le lanzaba bolas de pan a la cara.
Cualquier día publico los poemas.

PRÓLOGO

Las mujeres son libros que hay que escribir
antes de morir
antes de ser devorada
antes que quedar castrada.

INVITACIÓN

Una mujer me baila en los oídos
palabras de la infancia
yo la escucho
mansamente la miro
la estoy mirando ceremoniosamente
y si ella dice humo,
si dice pez que cogimos con la mano,
si ella dice mi padre y mi madre y mis hermanos,
siento resbalar desde lo antiguo

una cosa indefinible
melaza de palabras
puesto que ella, hablando,
me ha conquistado
y me tiene así,
prendida de sus letras
de sus sílabas y consonantes
como si la hubiera penetrado.
Me tiene así prendida
murmurándome cosas antiguas
cosas que he olvidado
cosas que no existieron nunca
pero ahora, al pronunciarlas,
son un hecho,
y hablándome me lleva hasta la cama
adonde yo no quisiera ir
por la dulzura de la palabra *ven*.

[Leyendo el diccionario]

Leyendo el diccionario
he encontrado una palabra nueva:
con gusto, con sarcasmo la pronuncio;
la palpo, la apalabro, la manto, la calco, la pulso,
la digo, la encierro, la lamo, la toco con la yema de los dedos,
le tomo el peso, la mojo, la entibio entre las manos,
la acaricio, le cuento cosas, la cerco, la acorralo,
le clavo un alfiler, la lleno de espuma,

después, como a una puta,
la echo de casa.

Génesis

Cuando el Señor apareció
gigante, moviéndose serenamente entre todos los verdes,
Adán le pidió por favor
palabras con que nombrarla.

Génesis III

Entonces Adán la llamó,
le puso nombre,
dichoso le dijo paloma,
pez,
moabita mármol,
estatua que acaricio,
la llamó frío y nostalgia,
Adriana, pájaro,
árbol
y mi dicha,
le dijo arcángel,
adoradora,
la llamó espuma de los mares, cardumen, Ifianasa,
lumen, montaña, lámpara,
le dijo forma de mí pero más que nada forma,
ánfora, cortesía, dama amabilis,
ósculo, pie de mi camino,
le dijo doncella encerrada,
alabaré tu amor más que los castillos,
le dijo amistad y fragancia,
la llamó voz de los valles,
eco de collados,
amiga mía,

pero ella nada oyó,
porque el Señor la había hecho sorda.

Teorema

Los poetas aman las palabras
y las mujeres aman a los poetas
con lo cual queda demostrado
que las mujeres se aman a sí mismas.

[LAS PALABRAS]

Las palabras

me han encadenado
me han subvertido
me han conmovido

Mi mujer la palabra ¿suntuaria?
mi esposo un artículo ¿suntuario?
La palabra mi mujer me agotan

trenzadas   me desgarran
trenzan de mí
trenzan para mí

Yo las veo caminar mi mujer
la palabra

van de la mano mi mujer
la palabra

de lejos no podría identificarlas mi mujer
de cerca las confundo la palabra

Si es de noche mi mujer
hago el amor con ellas la palabra

de modo que ellas dos
quedan satisfechas
conclusas
varadas en mis rodillas
porque yo las he tomado
recogido
asido

Yo las ordeno mi mujer
la palabra

Les pongo término y plazo mi mujer
la palabra

Les pongo fecha y número mi mujer
la palabra

Si tardan en aparecer
me entretengo caminando

Pero cuando vienen
ellas vienen juntas   mi mujer
                             la palabra

Se han encontrado en una esquina
y mi pensamiento
amoroso
las recoge   mi mujer
                             la palabra

Cuando ha llegado el momento
les abro las piernas   mi mujer
                                        la palabra

con la lengua las separo   mi mujer
                                        la palabra

y una vez que les he hecho el amor, acariciado bien
atemperado disuelto escogido bañado tamizado sostenido

mi mujer   ellas se ponen de pie, encendidas
la palabra   magníficas, soñadoras, creadas.

ORACIÓN

Silencio.
Cuando ella abre sus piernas
que todo el mundo se calle.
Que nadie murmure
ni me venga
con cuentos ni poesías
ni historias de catástrofes
ni cataclismos
que no hay enjambre mejor
que sus cabellos
ni abertura mayor que la de sus piernas
ni bóveda que yo avizore con más respeto

ni selva tan fragante como su pubis
ni torres y catedrales más seguras.
Silencio.
Orad: ella ha abierto sus piernas.
Todo el mundo arrodillado.

DE *DESCRIPCIÓN DE UN NAUFRAGIO* (1975)

DEDICATORIA

A Mercedes Costa

A todos aquellos navegantes
                    argonautas de un país en ruinas
desaparecidos en diversas travesías,
varias,
que un día emprendieron navegaciones
        de inciertos desenlaces.

XII

No fue nuestra culpa si nacimos en tiempos de penuria.
Tiempos de echarse al mar y navegar.
Zarpar en barcos y remolinos
huir de guerras y tiranos
al péndulo
a la oscilación del mar.
El que llevaba la carta se refugió primero.
Carta mojada, amanecía.
Por algún lado veíamos venir el mar.

XXVII

Anegada de tristezas,
con los dedos fríos

y los pechos duros como lunas,
sabiendo a sal y a mar,
rompiendo las cuerdas que la ataran
un día al mástil,
con la lengua cuarza culebra cántica
     mustia
         moribunda
ella consultó a los astros.

     La Buena Santa nos respondió: La racha es violenta.
     Es el viento del mar que nos atormenta.

XXXII

Una oleada de aguas migratorias pasó tu país
tu Dios tu frente
tu césped bien enhiesto.
Los guardias de la noche no supieron disparar a tiempo
contando los lamentos de los perseguidos.
Éramos trescientos que bramábamos, Nadina,
por un planeta mejor,
teniendo en cuenta que por cada uno de nosotros
había otros mil que trabajaban hasta morir
diríase que era el mundo entero que migraba
con las olas con los dientes
hasta el lugar donde radica
el tumultuoso origen de los vegetales.
Maduran como pueden.

XXXIV

Despertome el viento, si crujía,
los mástiles sonaban, sonarían las ancas,
sobrecogiome tu temor, si sobrevivía,
me puse a pensar en Dios,
tanta agua era venida,
vi saltar los botes,
soltar los bultos,
por el cielo se venía

una guerra de titanes,
tanto mar, tanta avenida,
pusiste cara de llanto,
clemencia pedirías,
en las olas rápida rápida
corría exactamente la mitad
de mi triste vida,
por ti, por mí lo hice,
por ellos, por nosotros lo haría,
cuando escuché los vientos,
soplando, mi Dios, a porfía,
sobre los botes, sobre las casas,
las lámparas de pobre y la sacristía,
primero tuvieron lugar los ricos,
naturalmente, correspondía,
de los pobres ninguno se salvó
el alma solamente salvarían
si Dios todavía era posible,
la muerte como ves no es la misma
para todos, como te enseñaron un día,
hasta el final habría diferencias,
cada cual su turno cumpliría,
ellos saltaron primero,
nosotros siempre esperaríamos.
Al grito de "Sálvese quien pueda"
todo el mundo se echó a los botes,
casi todos, menos yo.
Oscurecía y la mar estaba picada,
veíamos caer, como aves derrotadas,
los cuerpos, uno a uno,
rebotar contra los botes.
Mi mujer, de las primeras,
saltó ligero —luces de los faros, ínclitas—
sus manos al viento, desplegadas como velas,
sus piernas en el aire,
pareja de pájaros hambrientos;
detrás, una multitud.
No miró una vez hacia atrás.
En cuanto su cuerpo se posó sobre el bote
—gárrula ave, luchadora—
ella, magnifica,
          dominante,
               comenzó a remar.

A su lado, una multitud rugía, imploraba.
Oscurecía, y fugaces los pájaros pasaban
sin piedad,
mirando apenas;
nunca viera tantas aves,
tantos gritos, tanta mar;
en la oscuridad la vi asir los remos,
erguirse, mascarón de proa,
con siniestra fuerza remar;
el capitán, melancólico, barbudo
—cachalote solitario, rodeado de vientos y tempestades
en su casa del océano—
en el imponente ruido del mar se me acercó
"Marinero —me dijo—, ¿necesitabas un naufragio
para conocer a tu mujer?".
Los botes se alejaban,
ella tenía los brazos hinchados como velas
y remaba segura y firmemente
con el tremendo instinto de las madres
y de los sobrevivientes.
     De las catástrofes perduran los más fuertes.

XXXIX

Y en bikini vimos pasar
en síntesis a la historia,
era una puta rubia
de grandes senos esponjosos
de los cuales pendían boquiabiertos
tres ministros y cinco generales,
indolente a veces les acariciaba la calvicie
cosquilleaba en sus cabezas con una serpentina
y del cuello desnudo le colgaban
sangrientos estandartes;
la historia bailaba una macumba,
los brazos descubiertos,
los senos amplios palpitantes;
la historia bailaba en el Municipal
entre los rubios caballeros con esmoquin
y las damas con pelucas,
la historia dejaba colgar de sus brazaletes

cinco negros perseguidos por el KKK,
y de sus aretes, tres universitarios desangrándose.
"Ven a bailar —me dijo—, la vida es corta",
ofreciéndome sus pezones como soles,
dos platos carmesíes de furor,
la historia era una prostituta,
a su cintura atada una multitud;
los hombres la rociaban con vino en las *caves* de París,
ella respondía con una danza prohibida en Londres,
los jóvenes le palmeaban las nalgas en Belfast,
pero ella descubría su sexo
y mil bailarines locos
hundían sus bayonetas en esa selva
donde nunca más salir.
La historia bailaba una danza macabra en Birmingham,
se entregaba a los macacos en Río de Janeiro,
la historia se prostituía en los bulevares de Montevideo
y en las cafeterías de Shanghái,
era una envidiable puta rica
era rubia
era indecente
era incandescente
era legisladora y estadista
tenía unos senos maravillosos
impartía justicia en los tribunales
de sus lóbulos pendían los dientes de negros degollados.
"En mi casa hay sitio para todos", proclamaba alegremente
invitándonos, abriendo su túnica como una puerta;
la historia hacía la calle en Brooklyn,
amparaba bajo sus axilas a veinte generales,
la historia perfumaba sus sobacos
con el maldito aroma de la pólvora
y sobre su vientre la infame infantería jineteaba;
durante la primera noche murieron muchos miles,
ella se paseó entre los cadáveres con los pies desnudos
que aplastaron hierbas y huesos,
dientes, pasto, sangre y barro:
ella se paseaba con una serpiente alrededor de los brazos;
llena de cursilería
"La vida es corta", proclamaba,
"Los navegantes, muchos",
medio loco quedé por su vientre
combado como una cúpula

y las caderas doradas se movían como velas.
"Ven al mar, que es el morir", bromeaba,
pero para llegar hasta ella
hubiera tenido que aplastar
los cadáveres de miles.
Ella bailaba una macumba en Maracaibo,
ella se entregaba a los banqueros en Londres
y entrenaba a los agentes de la CIA en California;
ella llevaba los dólares en el bikini,
y en la vagina, veneno.

DE *ESTADO DE EXILIO* (1973-1975)

I

Tengo un dolor aquí,
                    del lado de la patria.

CARTA DE MAMÁ

Carta de mamá:
"Y si todos se van, hija mía,
¿qué vamos a hacer los que nos quedamos?".

A LOS PESIMISTAS GRIEGOS

Lo mejor es no nacer,
pero en caso de nacer,
lo mejor es no ser exiliado.

XI

Ninguna palabra nunca
ningún discurso
—ni Freud, ni Martí—
sirvió para detener la mano
la máquina
del torturador.
Pero cuando una palabra escrita
en el margen en la página en la pared
sirve para aliviar el dolor de un torturado
la literatura tiene sentido.

LOS EXILIADOS

Persiguen por las calles
sombras antiguas
retratos muertos
voces balbuceadas
hasta que alguien les dice
que las sombras
los pasos las voces
son un truco del inconsciente.
Entonces dudan
miran con incertidumbre
y de pronto
echan a correr
detrás de un rostro
que les recuerda otro antiguo.
No es diferente
el origen de los fantasmas.

XIV

Aquel viejo que limpiaba platos
en una cafetería de Saint-Germain
y de noche
cruzaba el Sena
para subir a su habitación

en un octavo piso
sin ascensor sin baño
ni instalaciones sanitarias
era un matemático uruguayo
que nunca había querido viajar a Europa.

XV

Y vino un periodista de no sé donde
a preguntarnos qué era para nosotros el exilio
No sé de dónde era el periodista,
pero igual lo dejé pasar
El cuarto estaba húmedo estaba frío
hacía dos días que no comíamos bocado
solo agua y pan
las cartas traían malas noticias del Otro Lado
"Qué es el exilio para usted?", me dijo
y me invitó con un cigarrillo
No contesto las cartas para no comprometer a mis parientes
"A Pedro le reventaron los dos ojos
antes de matarlo a golpes, antes,
solo un poco antes"
"Me gustaría que me dijera qué es el exilio para usted"
"A Alicia la violaron cinco veces
y luego se la dejaron a los perros"
Bien entrenados,
los perros de los militares,
fuertes animales,
comen todos los días,
fornican todos los días,
con bellas muchachas con bellas mujeres,
la culpa no la tiene el perro,
sabeusté,
perros fuertes,
los perros de los militares,
comen todos los días,
no les falta una mujer para fornicar
"¿Qué es el exilio para usted?"
Seguramente por el artículo le van a dar dinero,
nosotros hace días que no comemos
"La moral es alta, compañero, la moral está intacta",

rotos los dedos, la moral está alta, compañero,
violada la mujer, la moral sigue alta, compañero,
desaparecida la hermana, la moral está alta, compañero,
hace dos días que solo comemos moral,
de la alta, compañero
"Dígame qué es el exilio para usted"

El exilio es comer moral, compañero.

XVI

Nuestra venganza es el amor, Veronique,
te dije aquella noche en Pont des Arts,
el frío nos hacía temblar las manos
—el frío, el amor—
desear un café con leche calentito que no costara cinco francos
mientras buscábamos dónde diablos
echarnos a dormir esa noche
sin atraer a los *flics*
y tú chupabas hasta el tuétano
hasta el capullo
el último cigarrillo de la caja.
Es seguro que nuestra venganza será el amor
poder amar, todavía
poder amar, a pesar de todo
a pesar de según sin dónde cómo cuándo
pero antes, te juro —me dijo Veronique—
me gustaría
me gustaría mucho
mandar a la mierda a unos cuantos hijos de puta,
de manera indolora, claro está,
porque soy civilizada
y hago el amor con preservativo.

XXI

Lo llamaban La Momia. Con dos golpes
era capaz de matar a alguien.
Lo usaban para ablandar

a los recién llegados,
o para terminar con los torturados.
No comía pescado
porque una vez se había pinchado
con una espina
y le dolió.

EL VIAJE

Mi primer viaje
fue el del exilio
quince días de mar
sin parar
la mar constante
la mar antigua
la mar continua
la mar, el mal
Quince días de agua
sin luces de neón
sin calles sin aceras
sin ciudades
solo la luz
de algún barco en fugitiva
Quince días de mar
e incertidumbre
no sabía adónde iba
no conocía el puerto de destino
solo sabía aquello que dejaba
Por equipaje
una maleta llena de papeles
y de angustia
los papeles
para escribir
la angustia
para vivir con ella
compañera amiga

Nadie te despidió en el puerto de partida
nadie te esperaba en el puerto de llegada
Y las hojas de papel en blanco enmoheciendo

volviéndose amarillas en la maleta
maceradas por el agua de los mares

Desde entonces
tengo el trauma del viajero
si me quedo en la ciudad me angustio
si me voy
tengo miedo de no poder volver
Tiemblo antes de hacer una maleta
—cuánto pesa lo imprescindible—
A veces preferiría no ir a ninguna parte
A veces preferiría marcharme
El espacio me angustia como a los gatos
Partir
es siempre partirse en dos.

Elogio de la lengua

Me vendió un cartón de bingo
y me preguntó de dónde era.
"De Uruguay", le dije.
"Habla el español más dulce del mundo",
me contestó mientras se iba
blandiendo los cartones
como abalorios de la suerte.
A mí, esa noche,
ya no me importó perder o ganar.
Me di cuenta de que estaba enganchada a una lengua
como a una madre,
y que el salón de bingo
era el útero materno.

DE *DIÁSPORA* (1976)

[TODO ESTABA PREVISTO]

Todo estaba previsto
por la tradición
occidental
esa tu rebelión
a los papeles convencionales
la resistencia
a ser tratada como objeto
el objeto
que soy para ti
salvo cuando te escribo
para los demás
Entonces te objetualizo

PROYECTOS

Podríamos hacer un niño
y llevarlo al zoo los domingos.
Podríamos esperarlo
a la salida del colegio.
Él iría descubriendo
en la procesión de nubes
toda la prehistoria.
Podríamos cumplir con él los años.

Pero no me gustaría que al llegar a la pubertad
un fascista de mierda le pegara un tiro.

[A LOS POETAS QUE ALABARON SU DESNUDEZ]

A los poetas que alabaron su desnudez
les diré:
mucho mejor que ella quitándose el vestido
es ella desfilando por las calles de Nueva York

—Park Avenue—
con un cartel que dice:
"Je suis lesbienne. I am beautiful".

[Podría escribir los versos más tristes esta noche]

Podría escribir los versos más tristes esta noche,
si los versos solucionaran la cosa.

[Antes del cese del fuego]

Antes del cese del fuego,
John O'Neal Rucker fue el último soldado norteamericano
muerto en el Vietnam.
Sus padres se fotografiaron
junto al retrato de John O'Neal Rucker
en traje de noche.
El nombre del último vietnamita muerto
nunca fue difundido por las agencias noticiosas.
No se sabe si porque carecía de padres,
de fotografías
o de noches.

Alejandra entre las lilas

He de morir de cosas así.
Alejandra Pizarnik
(Suicidada el 25 de septiembre de 1972)

IV

Y en el silencio escondido adentro de la casa
y en el silencio que queda
cuando se van los amigos
en el silencio de los ceniceros
y los vasos ya sin agua
quisiste establecer la palabra exacta

sin saber
que el silencio y las palabras
son apenas agonías.

APLICACIONES DE LA LÓGICA DE LEWIS CARROLL

III

Lewis Carroll fotografiaba niñas vestidas
y a veces fotografiaba niñas desnudas
por afición a la fotografía,
por afición a las niñas
a las cuales dedicó un libro terrible,
Alicia en el país de los espejos,
libro que desagrada a todos los niños
y despierta la curiosidad de aquellos adultos
que quisieran fotografiar niñas vestidas
niñas a veces desnudas
pero no se animan a hacerlo por carecer de espejo.

IV

Lewis Carroll era un presbítero llamado
Charles Dodgson
que durante un paseo por un parque
se enamoró de una niña
llamada Alicia
por lo cual escribió un libro para niños
cuya protagonista es una irritante mujer
disfrazada de niña y llamada Alicia.
La Iglesia había prohibido el estupro
a los sacerdotes jóvenes,
pero no la escritura.

DE *LINGÜÍSTICA GENERAL* (1979)

I

El poeta no escribe sobre las cosas,
sino sobre el nombre de las cosas.

III

Todo poeta sabe que se encuentra al final
de una tradición
y no al comienzo
por lo cual cada palabra que usa
revierte,
como las aguas de un océano inacabable,
a mares anteriores

                    —llenos de islas y de pelícanos,
                    de plantas acuáticas y corales—

del mismo modo que un filamento delicado
tejido por una araña
reconstruye partes de una cosmogonía antigua
y lanza hilos de seda hacia sistemas futuros,
llenos de peces dorados y de arenas grises.

VII

Es bueno recordar —frente a tanto olvido—
que la poesía nos separa de las cosas
por la capacidad que tiene la palabra
de ser música y evocación,
además de significado,
cosa que permite amar la palabra *infeliz*
y no el estado de desdicha.
Todo lo cual podría no volver a ser dicho
si el lector

—tan desmemoriado como cualquier poeta—
recordara un poema de João Cabral de Melo Neto:
Flor es la palabra
flor, inscrita
como verso en el verso,
que leí hace años,
olvidé después
y hoy he vuelto a encontrar,
como tú, lector,
lectora,
haces ahora.

XIX

La práctica literaria
o la lectura crítica pluridimensional
no pueden explicar, en definitiva,
por qué la imagen de la realidad
como la fotografía
tiene ese gramo de metafísica
que falta a la realidad sin imagen
y al objeto sin lente,
aunque uno diga, como excusa,
por ejemplo,
que se trata de la confluencia de coordenadas
históricas
y su repercusión
en el poema
(en versalita, con preferencia).

XXII

El poema es, sí, una combinación de palabras,
pero su armonía no depende
—solo—
de la naturaleza del sonido y de los timbres
ni del espacio vacío que desplaza,
depende, también,

de la nostalgia de infinito que despierte
y de la clase de revelación que sugiera.

4ª ESTACIÓN: CA' FOSCARI

Te amo como mi semejante
mi igual mi parecida
de esclava a esclava
parejas en subversión
al orden domesticado
Te amo esta y otras noches
con las señas de identidad
cambiadas
como alegremente cambiamos nuestras ropas
y tu vestido es el mío
y mis sandalias son las tuyas
Como mi seno
es tu seno
y tus antepasadas son las mías
Hacemos el amor incestuosamente
escandalizando a los peces
y a los buenos ciudadanos de este
y de todos los partidos
A la mañana, en el desayuno,
cuando las cosas lentamente vayan despertando
te llamaré por mi nombre
y tú contestarás
alegre,
mi igual, mi hermana, mi semejante.

DE *EUROPA DESPUÉS DE LA LLUVIA* (1987)

INFANCIA

Allá, en el principio,
todas las cosas estaban juntas,

infinitas en el número
y en la pequeñez.
Y mientras todo estaba junto
el dolor era imposible
la pequeñez, invisible.

LA NAVE DE LOS LOCOS

A Michel Foucault

En un mar simétrico
calmo
fijo como un cuadro
y sin orillas

sobre las densas aguas iguales a la niebla

el grupo, de gala,
ha iniciado la travesía.

Vense damas con sombrero
hombres vestidos de chaqué
niños que sujetan globos
un perro cabizbajo
y un arlequín.

Una guirnalda de luces amarillas
guiña un ojo cómplice y perverso.
Hay jóvenes con gesto de fanfarria
manzanas corroídas por el virus
muñecas sin cabeza
un chimpancé.

Solo el barquero que adusto
hunde silenciosamente el remo
en las aguas densas de inmovilidad
sabe que el viaje es sin regreso.

EUROPA DESPUÉS DE LA LLUVIA
(Max Ernst)

Ha llovido magma hirviente
licuando todas las formas

                         (el hombre-pájaro que pende,
                         solidificado, rehúsa mirarnos,
                         último reproche).

Solitarios monolitos se elevan sobre el cielo luminoso,
como inverosímiles dioses (después de la tormenta).

Europa es una masa indefinible de desechos.

La lava ha corroído la suficiencia de las piedras,
perforado los metales,
mineralizado los árboles y las plantas.
Licuó las montañas,
obstruyó los ríos.

En medio de la descomposición,
sopla la inmutabilidad de la muerte.
Cuelgan fósiles, miembros desplazados,
tótems rotos, cuerpos devorados por el magma.
La luz apocalíptica ilumina restos retorcidos.

Pero quedamente,
por debajo de las formas fosilizadas
y la confusión de restos,
se sospecha
la vida larvaria
que comienza a latir,
con un espasmo de horror.
Círculo infernal del eterno retorno.

CIFRAS

En los monasterios medievales
algunos animales que adornan los frisos
o decoran las columnas, en apariencia,

constituyen, en verdad,
las notas de un código musical
olvidado por la fugaz memoria de los hombres.

Quienes contemplaban al águila o al perro
escuchaban, al mismo tiempo,
las notas de una melodía.

Igual que esas piedras
somos la cifra
de una larga historia
que algún investigador futuro
descifrará,
entre la admiración y el horror.

Símil

En una isla de hielo derivante
desprendida del mar glacial Ártico
viaja un pueblo entero de pingüinos
—pájaros bobos— sin saber que viajan.
Mientras la isla lentamente se deshace
desplazándose hacia el Atlántico,
los pingüinos trabajan, nadan,
atrapan su comida, se reproducen
y creen en la inmortalidad.

El regreso de Ulises a la patria

Regresar es morir un poco.
Las noches de luna muy clara
—cuando todo tiende a la esfericidad—
no puede dormir.
La excesiva calma que irradian las cosas
le parece un mensaje a descifrar
cuyo sentido último sería, quizás,
imposible de resistir.
Hunde entonces el remo en la arena
y vitupera a los dioses.

Los médicos de la nave le aconsejan reposo.
En sueños habla de ambiguas seducciones
donde quien arrojó la red fue finalmente
el atrapado, y del rumbo de las estrellas fugaces.
Despierta, e inquieto ordena
despejar la nave.
Sea como sea, está seguro
de que esa luna intensa,
brutal,
lo mira demasiado.

NOCTURNO PLUVIOSO EN LA CIUDAD

De noche, bajo la lluvia,
a lo largo de la avenida,
la luz de una cabina telefónica
Un hombre llama ansiosamente
No hay tierra firme donde echarse a descansar
El hombre hace gestos con las manos
Lejos un triángulo de luces amarillas
Cómo resbala el agua en los costados
Escaparates llenos de reflejos
El hombre dice: "Por favor, por favor"
Un borracho junto a un árbol
Grandes rebajas
Los autos pasan veloces:
si atropellaran a alguien no tendrían tiempo de detenerse
"Escúchame, por favor", dice el hombre
Dos muchachos fuman un poco de hierba
En los diarios de esta mañana leí algo acerca de una gran catástrofe
no sé si terremoto o bombardeo
"Te quiero", dice el hombre,
antropoide en la vidriera telefónica
Cae la lluvia
Un travesti se pasea, pide fuego,
los travestis siempre piden fuego y se pasean,
el agua le moja la falda, le corre la pintura,
no se puede comprar cosméticos baratos,
murieron dos mil o veinte mil,
ya no recuerdo,
hay un cartel que destiñe con la lluvia:

"Compañero, tu muerte no será en vano"
(¿qué muerte no es en vano?)
Me gustaría saber dónde van las palomas con la lluvia
Un locutor anuncia un detergente un bombardeo
"Escúchame", dice el hombre,
se le acaban las monedas
Extraordinario show-sexy
Se ruega a las personas sensibles no asistir
Me dijeron que se trata de un caballo que fornica con mujeres
(la Sociedad Protectora de Animales protestó;
ninguna otra sociedad protestó)
Es enorme la cantidad de personas no sensibles que hay,
según el cartel
Noches lluviosas donde cualquier suicidio es posible:
hasta el de una mariposa contra la ventana
Del andén sale una música ambulante
El hombre no tiene más monedas,
el travesti ligó,
es increíble cómo en momentos decisivos algo nos falta
moneda o mirada
cigarrillo o mujer
A lo mejor se trataba de una inundación, no sé bien,
o quizá era el destripador de alguna ciudad inglesa
Se queda un instante indeciso en la cabina
registra a fondo los bolsillos
(¿extraerá una pistola o un cigarrillo?)
"Vecchio, basso", canta Mina en el amplificador
Una estrella de cine se consagró
un zapatero mató a su mujer
un padre a su hija
alguien bombardeó una ciudad
El hombre no encontró una moneda y se puso a caminar bajo la lluvia.

A LOS AMIGOS QUE ME RECOMIENDAN VIAJES

I

Todo jardín es interior:
no me muevo más que para recoger sus olores.
Puedo decir, así, que recorrí varias geografías.

II

Las plantas, que viven mucho tiempo,
no se mueven nunca de su lugar.
Ah, cómo son sutiles sus estremecimientos.

III

El hombre que viaja huye.
El que se queda contempla.
Las estrellas que parecen fijas
están en movimiento
y los meteoros, en cambio,
se desintegran.

IV

Hay tres cosas que quisiera decirte,
pero la segunda contradice la primera
y la tercera es un malentendido.
Preferible es el silencio.

DE *BABEL BÁRBARA* (1991)

Los hijos de Babel

Dios está dormido
y en sus sueños balbucea.
Somos las palabras de ese Dios
confuso
que en eterna soledad
habla para sí mismo.

AMAR

Amar es traducir
—traicionar—.

Nostálgicos para siempre
del paraíso antes de Babel.

LA EXTRANJERA

Contra su bautismo natal
el nombre secreto con que la llamo: Babel.
Contra el vientre que la disparó confusamente
la cuenca de mi mano que la encierra.
Contra el desamparo de sus ojos primarios
la doble visión de mi mirada donde se refleja.
Contra su altiva desnudez
los homenajes sacros
la ofrenda del pan
del vino y el beso.
Contra la obstinación de su silencio
un discurso largo y lento
salmodia salina
cueva hospitalaria
signos en la página,
identidad.

LA TRANSGRESIÓN

En la ciudad, hay una consigna:
"No amarás al extranjero".
Babel, sardónica,
se ríe del viejo emblema
mezcla lenguas diversas
declina los verbos muertos
y apostrofa en occitano.

    Descubre palabras raras
y las lanza entre los dientes

como piedras de un río arcaico
—primigenio—.

He de hacerme un collar
con esos abalorios,
señas de identidad del extranjero.

LA PASIÓN

Salimos del amor
como de una catástrofe aérea
Habíamos perdido la ropa
los papeles
a mí me faltaba un diente
y a ti la noción del tiempo
¿Era un año largo como un siglo
o un siglo corto como un día?
Por los muebles
por la casa
despojos rotos:
vasos fotos libros deshojados
Éramos los sobrevivientes
de un derrumbe
de un volcán
de las aguas arrebatadas
Y nos despedimos con la vaga sensación
de haber sobrevivido
aunque no sabíamos para qué.

EL PARTO

Desde el fondo del vientre,
como una montaña,
la oscura fuerza del deseo.
El deseo, oscuro como una semilla.
La semilla cerrada y muda
como una ostra.
Los labios de la ostra
lentamente abriéndose,

como la vulva.
La vulva, húmeda y violeta,
a veces, fosforescente.
Babel, echada hacia adentro,
como una semilla. Guardada
como una ostra. Ensimismándose,
como el caracol encogido.
Babel torre, Babel casa escondida.
     "Es largo esconderse nueve meses", dice Babel,
     henchida.

La palabra, apuntando hacia afuera.
La palabra, sobresaliendo del vestido.
La palabra, empujando su brote,
su alegría, su maldición.

    Babel por las calles como una virgen,
como si nada escondiera. Babel bailando en bable.
Babel vestida.

    Y de pronto, súbitamente, el grito.
Descendiendo por las piernas abiertas, el grito.
Desfondándose en las sábanas, el grito.
Licuándose en las caderas duras como anclas, el grito.
Forzándose a salir, el grito.
Brutal, ojeroso, hondo, gutural,
               onomatopéyico,
negro, desentrañado,
         el grito: partido en dos,
hecho de sangre,
      voz de la víscera,
palabra sin lugar en el diccionario.

DE *OTRA VEZ EROS* (1994)

GENEALOGÍA

(Safo, V. Woolf y otras)

Dulces antepasadas mías
ahogadas en el mar
o suicidadas en jardines imaginarios
encerradas en castillos de muros lilas
y arrogantes
espléndidas en su desafío
a la biología elemental
que hace de una mujer una paridora
antes de ser en realidad una mujer
soberbias en su soledad
y en el pequeño escándalo de sus vidas

Tienen lugar en el herbolario
junto a ejemplares raros
de diversa nervadura.

CONDICIÓN DE MUJER

Soy la advenediza
la que llegó al banquete
cuando los invitados comían
los postres

Se preguntaron
quién osaba interrumpirlos
de dónde era
cómo me atrevía a emplear su lengua

Si era hombre o mujer
qué atributos poseía
se preguntaron
por mi estirpe

"Vengo de un pasado ignoto —dije—
de un futuro lejano todavía
Pero en mis profecías hay verdad
Elocuencia en mis palabras
¿Iba a ser la elocuencia
atributo solo de los hombres?
Hablo la lengua de los conquistadores,
es verdad,
aunque digo lo opuesto de lo que ellos dicen"

Soy la advenediza
la perturbadora
la desordenadora de los sexos
la transgresora

Hablo la lengua de los conquistadores
pero digo lo opuesto de lo que ellos dicen.

ANTROPOLOGÍA

Dicen amar las cosas que sin embargo
cazan.

Se reúnen por hábitos y profesiones.

Desdeñan las cosas que no entienden
y verdaderamente: entienden pocas cosas.

Poseen mala memoria,
pero temen a la muerte y al paso del tiempo.

Inventaron los relojes y la guerra.

Prefieren actuar en grupo.

Sus acoplamientos suelen ser banales.

　　　Se dieron una historia y una filosofía,
pero lloran como niños de pecho cuando les duele un diente.

Se quejan de la desgracia
        y la felicidad los abruma.

En algunas ocasiones cantan y bailan.

Se destruyen mutuamente.
Enferman muy a menudo.

        Se preguntan cuál es el sentido de las cosas,
y, aterrados por el enigma,

        deciden colectivamente no pensar.

Se reconocen entre sí por el color de la piel.

En sus casas
siempre hay espejos y relojes.

        Reniegan del pasado
pero el futuro les da miedo.

Se encierran unos a otros en prisiones.

Llaman justicia a la costumbre
y detestan estar solos.

        Se han dado una técnica
una industria una aviación y una marina

pero sus incertidumbres son cada vez mayores.

Se reproducen sexuadamente.

Asisten a los templos en épocas de penuria.

Enardecidos, destruyen lo que tocan,
y después lo lloran.

Antes de morir balbucean el nombre del ser que aman

        pero se equivocan

                y no amaron a nadie.

FILOSOFÍA

Ante la esfericidad abstracta del planeta
la redondez turgente de tus senos pulidos
Ante la prepotencia de la razón
tu risa descabellada de amazona cáustica
Ante la caída internacional del comunismo
el desmoronamiento brusco de tu falda
Ante el proclamado Fin de la Historia
el nacimiento de un nuevo lunar en tu hombro
Ante las guerras futuras
el estrabismo voluptuoso de uno de tus ojos
Ante la previsible muerte
la fricción de tu cuerpo desnudo
la humedad de las mucosas
el lamento vulvar.

HAPPY END

Como una heroína —demacrada, pálida,
loca—
le agradan los finales trágicos
—muerte por locura, suicidio o cualquier otra desgracia—
pero a último momento sobrevive
—el progreso de la ciencia y de la técnica, ya se sabe—
Así que ha de repetir la historia:
amor-locura-destrucción

Es verdad
no hay heroísmo
en la vida cotidiana
Ninguna emoción en los finales felices:
se acaban allí
cuando el deseado encuentro
comienza a ser el principio del fracaso
y del aburrimiento

Pero nunca muere
—en el fondo, para ser romántica
tiene demasiada salud—
ni un Otelo furioso la mata

en una noche de pasión y celos
—ya no hay Otelos y a veces ni siquiera celos—

En cualquier momento la trágica máscara romántica
caerá —como un rostro de cera—
y el rictus amargo de la vejez grotesca aparecerá
para un público ausente

Ninguna heroína romántica pasó de los cuarenta.

FINAL DEL TRAYECTO

Después de las terribles pruebas del amor
y del fuego
—quemé mi útero y mis ovarios—
después de los desmesurados trabajos del día
—ganar el pan y el sueño con el sudor de la frente—
después de atravesar el océano de la locura
y los riscos de la muerte
no me esperaba el preciado trofeo
no había bella princesa cuyo amor
curara las heridas
no había tierna patria adonde volver
ni un castillo de puente levadizo
No había medallas
No había honores
Especialmente
no había doncella
no había princesa
                    no había cuento de amor
No había historia que contar
        —toda lírica termina donde acabó Darío—

La epopeya no tiene fin
siendo el fin de la epopeya su propio transcurrir

Sobrevivir también es una nostalgia
de no haber muerto todavía.

DESPUÉS

Y ahora se inicia
la pequeña vida
del sobreviviente de la catástrofe del amor:
hola, perros pequeños,
hola, vagabundos,
hola, autobuses y transeúntes
Soy una niña de pecho
acabo de nacer
del terrible parto del amor
Ya no amo
Ahora puedo ejercer en el mundo
inscribirme en él
soy una pieza más del engranaje
Ya no estoy loca.

LEYENDO A S. FREUD

Leo, en un viejo ensayo de Freud:
"La vida siempre provoca malestar".
¿De modo que esta desazón
estas ganas de huir a ningún lado
este aburrimiento de la gente
y aun de las cosas amadas
este malhumor matinal

     eran, a fin de cuentas, la vida?

DE *AQUELLA NOCHE* (1996)

INSTINTO

Los animales no piensan qué tienen que hacer.
Cuando cae la tormenta
miles de hormigas construyen una balsa

para pasar al otro lado
y el león en celo
mata a sus cachorros
para volver a fornicar

¿por qué, entonces, antes de tocarte
he de averiguar tu abolengo
tu religión
tus genes
las ideas políticas
y los gustos literarios?

HUMILDAD

Nunca he pretendido que una sola idea
explicara la diversidad del mundo
ni un Dios
fuera más cierto que numerosos dioses.
Nunca he pretendido que la psicología
excluyera a la biología,
ni que tener un sexo
excluyera al otro.

Nunca he pretendido que una sola persona
colmara todos mis deseos
ni satisfacer todos los deseos
de una sola persona.

Nunca he pretendido vidas anteriores
ni vidas futuras:
no creo haber sido
nada más que lo que soy,
y eso, a veces,
con grandes dificultades.

MIS CONTEMPORÁNEOS

He compartido mesa
congresos conferencias

con muchos escritores.
Los he oído recitar
pontificar
exhibirse como machos en celo
apostrofar
sentenciar
juzgar.
Los he visto firmar autógrafos
los he contemplado ligar
emborracharse
subir a la habitación
con la admiradora arrobada.

Todos ellos sabían algo
que las lectoras no saben:
la literatura no es de verdad.

Teoría literaria

Escriben porque tienen el pene corto
o la nariz torcida
porque un amigo les robó la amante
y otro le ganaba al póquer.
Escriben porque quieren ser jefes de la tribu
y tener muchas mujeres
un cargo político
un tribunal
una tarima
(muchas mujeres).

No se leen entre ellos
no se lo toman en serio:
nadie está dispuesto a morir
por unas cuantas palabras
colocadas en fila
(de izquierda a derecha,
no al estilo árabe)
ni por unas cuantas mujeres:
después de los cuarenta,
todos son posmodernos.

HISTORIA DE UN AMOR

Para que yo pudiera amarte
los españoles tuvieron que conquistar América
y mis abuelos
huir de Génova en un barco de carga.

Para que yo pudiera amarte
Marx tuvo que escribir *El capital*
y Neruda, la "Oda a Leningrado".

Para que yo pudiera amarte
en España hubo una guerra civil
y Lorca murió asesinado
después de haber viajado a Nueva York.

Para que yo pudiera amarte
Virginia Woolf tuvo que escribir *Orlando*
y Charles Darwin
viajar al Río de la Plata.

Para que yo pudiera amarte
Catulo se enamoró de Lesbia
y Romeo, de Julieta
Ingrid Bergman filmó *Stromboli*
y Pasolini, los cien días de Saló.

Para que yo pudiera amarte
Lluís Llach tuvo que cantar "Els Segadors"
y Milva, los poemas de Bertolt Brecht.

Para que yo pudiera amarte
alguien tuvo que plantar un cerezo
en la tapia de tu casa
y Garibaldi pelear en Montevideo.

Para que yo pudiera amarte
las crisálidas se hicieron mariposas
y los generales tomaron el poder.

Para que yo pudiera amarte
tuve que huir en barco de la ciudad donde nací
y tú combatir a Franco.

Para que nos amáramos, al fin,
ocurrieron todas las cosas de este mundo

y desde que no nos amamos
solo existe un gran desorden.

Poetas

Los poetas no somos fiables para nadie.
No somos fiables para los editores,
que prefieren editar novelas,
no somos fiables para los bancos,
porque no tenemos ingresos fijos,
no somos fiables para los diarios,
que prefieren publicar guerras y atracos,
no somos fiables para los caseros,
porque nos atrasamos en el alquiler.
No somos fiables
ni para los lectores:
les gusta gastar el dinero
a renglón corrido,
no a renglón partido.

Contra Flaubert

En efecto, detesto a Flaubert.
Solo un macho francés
esnob pagado de sí mismo
puede burlarse hasta ese punto
de los sueños de una mujer.
Un macho,
es decir,
alguien que no sueña.
(Los hombres siempre han estado
celosos de los sueños de las mujeres
porque no pueden controlarlos).
Flaubert *soñó* a Emma Bovary,
pero puede decirse, con toda certeza,
que Emma Bovary jamás soñó a Flaubert.

(Al final de sus días, Flaubert estaba
harto de la fama de Madame Bovary.
Era más célebre que él).

SIMULACRO

Cuando un vendedor cualquiera
(de detergentes, seguros, vídeos o congelados)
llama a mi puerta,
finjo ser una mujer convencional
y respondo que mi marido no está.
Qué comprensivos son los vendedores
con una esposa desprotegida.
Me dejan el catálogo —para que lo vea mi marido—
y me dicen que volverán en otro momento,
cuando mi esposo haya regresado.
Con el catálogo en la mano
—que no leeré—
me dirijo, otra vez,
a la vieja máquina de escribir:
único espacio
sin maridos
sin vendedores
sin catálogos.

MONÓLOGO

La vida no tiene sentido. ¿Para qué se lo buscas?
Si la vida no tiene sentido
tampoco tiene sentido el éxito o el fracaso
ser amado o detestado
tener buenos vecinos o vecinos xenófobos
el aplauso o la rechifla.
No importa si tu amada te llama por el teléfono
o no te llama.
No importa si tienes números rojos en el banco
ni si figuras en una enciclopedia.
De acuerdo. La vida no tiene sentido,

pero aun así,
me emociona.

DE *INMOVILIDAD DE LOS BARCOS* (1997)

ECOLOGISMO

Este libro está realizado en su totalidad
de forma artesanal
utilizando siempre materiales de desecho
completamente reciclados:
dolores naturales, una depresión,
amores consentidos y amores sinsentidos,
el paso devastador del tiempo y su reloj
biológico, las nostalgias crepusculares,
el humo de la gran ciudad o soledad,
el día-a-día (goteo de la muerte)
y la propensión a la poesía,
una adicción anónima.

EL COMBATE II

En el sueño
quise preguntarle
a la bella gladiadora
cuál era el sentido del combate
por qué la lucha
cuál era el trofeo.

Sonrió y me dijo:
Se lucha
solo
porque se vive.

SEGUNDA VEZ

En el acto ingenuo
de tropezar dos veces
con la misma piedra
algunos perciben
tozudez
Yo me limito a comprobar
la persistencia de las piedras
el hecho insólito
de que permanezcan en el mismo lugar
después de haber herido a alguien.

LECTURA

Se atraviesa un libro
como se vadea un río

    las palabras
son las piedras para asirse
Impiden naufragar.

ALEGRÍA DE VIVIR

Me levanto
con la certeza
de estar sola:
bajo a la calle
silbo un airecillo
camino contra el viento
enciendo uno de los cigarrillos
que el médico me prohibió
—estoy sola—
tan contenta
que empiezo a echar monedas
en la máquina del bar
gáname, perra,
gáname, tragaperras,
el patrón me mira satisfecho

(ríete, estúpido, dinero
es lo único que me puedes ganar)
cuando estoy contenta
soy espléndida
tan alegre de estar sola
que enseguida me pongo a conversar
con gente que no me interesa
(nunca sabrán cuán contenta estoy)
escucho tonterías
no me afectan: tengo alegría interior
soy generosa: digo piropos
a gente que no se los merece
¿Qué voy a hacer, si estoy contenta?
Con la felicidad no se puede hacer nada
No se puede escribir poemas
No se puede hacer el amor
No se puede trabajar
No se puede ganar dinero
ni escribir artículos de periódico
La felicidad es esto:
caminar contra el viento
saludar a desconocidos
no comprar comida
(la felicidad es el alimento)
ser espléndida
como el viento gratis que limpia la ciudad
como esta llovizna repentina
que me moja la cara
me resfriaré
pero a mí qué me importa.

LA FRACTURA DEL LENGUAJE DE LOS LINGÜISTAS
APLICADA A LA VIDA COTIDIANA

Le dije que me gustaba, y quedé insatisfecha.
La verdad era que a veces no me gustaba nada,
pero no podía vivir sin ella.
Le dije que la quería,
pero también quiero a mi perro.
Después le dije que la amaba,
pero mi incomodidad fue mayor aún:

no tenía un cúmulo de buenos sentimientos,
a veces mis sentimientos eran muy malos,
quería secuestrarla, matarla de amor,
reducirla a la esclavitud, dominarla.
A veces, solo quería su placer.
La complicidad que reclamé
era imposible: ¿qué complicidad se puede establecer
con alguien cuya sonrisa nos lleva al paraíso
y cuya indiferencia nos conduce al infierno? (William Blake)
Decidí prescindir del lenguaje,
entonces me acusó de no querer comunicarme.

Desde hace unos años, solo existe el silencio.
Encuentro, en él, una rara ecuanimidad:
la de los placeres solitarios.

ORACIÓN

Líbranos, Señor,
de encontrarnos,
años después,
con nuestros grandes amores.

LA FALTA

Hay gente que le pone nombre
a su falta
les falta Antonio o Cecilia
un viaje a África
un millón de pesetas
un pisito en la playa
una amante
un éxito en la loto
un ascenso en el trabajo.

Los que sabemos que la falta
es lo único esencial
merodeamos las calles nocturnas
de la ciudad

sin buscar
ni un polvo
ni una diosa
ni un Dios.
    Sacamos a pasear la falta
como quien pasea un perro.

BIOGRAFÍAS

Y no olvides nunca
que para cada cual
(para la ingenua doméstica recién casada
como para el guerrillero de Chiapas)
su vida es siempre una novela.
Pero por favor,
por lo menos,
que esté bien escrita.

DE *LAS MUSAS INQUIETANTES* (1999)

LA SEDUCCIÓN
(*San Jorge y el dragón*, Paolo Uccello)

Cuánta sólida armadura,
San Jorge,
cuánto brioso caballo
—blanco, encabritado—
cuán larga la lanza
(símbolo viril)
cuánta furia
cuánto odio
para enfrentar al temible dragón
de fauces chorreantes
que una gentil doncella
con mano suave

saca a pasear dócilmente,
como si se tratara de un perrillo faldero.

Aquello que los hombres matan con violencia
las mujeres domestican con dulzura.

El viajero sobre el mar de nubes
(*El viajero sobre el mar de nubes*, Caspar D. Friedrich)

Ha ascendido hasta la solitaria cima del mundo
escarpada cima en medio de las nubes.

Ha ascendido hasta la misteriosa cima del fin del mundo
donde el cielo se funde con el mar
(incestuosas nubes, incestuosas olas)
y no sabe dónde está.

Se yergue de espaldas —solitario mástil en la densidad de la niebla—
y contempla la vasta inmensidad
como quien contempla a Dios.
Inaudita y silenciosa visión revelación
un paso más allá de la cima
un paso más allá de la muerte
donde toda contemplación
es contemplación de la contemplación.

Cima sin regreso
altura segada
que al ascender encuentra
en la inabarcable inmensidad
el espejo de la propia pequeñez.

El origen del mundo
(*El origen del mundo*, Gustave Courbet)

Un sexo de mujer descubierto
(solitario ojo de Dios que todo lo contempla
sin inmutarse)

perfecto en su redondez
completo en su esfericidad
impenetrable en la mismidad de su orificio
imposeíble en la espesura de su pubis
intocable en la turgencia mórbida de sus senos
incomparable en su facultad de procrear

sometido desde siempre
(por imposeíble, por inaccesible)
a todas las metáforas
a todos los deseos
a todos los tormentos

     genera partenogenéticamente al mundo
que solo necesita su temblor.

LAS MUSAS INQUIETANTES II
(*Las musas inquietantes*, Giorgio de Chirico)

Descabezadas, incompletas,
solemnes en pedestal ridículo
o sentadas al borde de la calle,
como quien espera un auto
o un cliente,
las musas domésticas
engordan
pierden un brazo
los cabellos
se quedan calvas
Ya sin oficio verdadero
en un mundo cada vez
más agitado,
en una ciudad cada vez
     más populosa,
        mecánica.

Así nace el fascismo
(*La lección de guitarra*, Balthus)

En el campo de concentración
de la sala de música o ergástula
la fría, impasible profesora de guitarra
(Ama rígida y altiva)
tensa en su falda el instrumento:
mesa los cabellos
alza la falda
dirige la quinta de su mano
hacia el sexo insonoro y núbil
de la alumna
descubierta como la tapa de un piano.
Ejecuta la antigua partitura
sin pasión
sin piedad
con la fría precisión
de los roles patriarcales.

     Así sueñan los hombres a las mujeres.
     Así nace el fascismo.

DE *ESTRATEGIAS DEL DESEO* (2004)

Vivir para contarlo

Te he cedido por una vez
el papel y el lápiz
la voz que narra
la crónica que fija contra la muerte
la nostalgia de lo vivido.
Y me va bien el cambio
te aseguro.
Quiero contemplar
quiero ser testigo
quiero mirarme vivir
te cedo gustosamente la responsabilidad

como un escriba
ocupa mi lugar
goza si puedes con el relevo
serás mi descendencia
mi alternativa.
La que vivió para contarlo.

ESTRATEGIAS DEL DESEO

Las palabras no pueden decir la verdad
la verdad no es *decible*
la verdad no es lenguaje hablado
la verdad no es un dicho
la verdad no es un relato
en el diván del psicoanalista
o en las páginas de un libro.
Considera, pues, todo lo que hemos hablado tú y yo
en noches en vela
en apasionadas tardes de café
—London, Astoria, Arlequín—
solo como seducción
en el mismo lugar que las medias negras
y el liguero de encaje:
estrategias del deseo.

MIEDO

Las pocas veces
que he sido feliz
he tenido profundo miedo
        ¿cómo iba a pagar la factura?

        Solo los insensatos
—o los no nacidos—
        son felices sin temor.

Un ciclo entero

Me dices que hemos vivido un ciclo entero
—Vivaldi, *Las cuatro estaciones*—
y yo me regocijo.
"Es el segundo invierno —me dices—,
ya sé cómo fue el primero".
El primer invierno:
citas voluptuosas en los hoteles
entrábamos los viernes
salíamos los lunes
ni tiempo para comer
había que devorarse mutuamente
brazos y piernas
labios y nalgas
una sed imperiosa de sorberse
mi carne es tu carne
tu cuerpo es mi cuerpo
mi sangre es tu sangre.
Y la primavera
¿cómo fue entonces la primavera?
"Una vez fuimos al cine
y me tomaste de la mano".
No miré la película
lo confieso: solo te miraba a ti.
¿Florecieron los árboles?
"Tuviste alergia en la primavera"
y nos citábamos en hoteles lujuriosos
donde una muchacha negra
—seguramente una emigrante—
tocaba al piano viejas melodías.
Yo la miraba con complicidad
y tú sonreías.
Luego llegó el verano
teníamos calor en los hoteles
y aprendí el olor de tu sudor.
"No me gusta sudar en público", te dije
recordé vagamente que no sudaba desde hacía muchos años.
Ese verano tú escribiste un diario
y yo no podía dejar de recordarte
de modo que fui muy infeliz.
Vino el otoño después
nuevos hoteles

hasta una casa en barrio elegante
pero seguíamos conociéndonos por el tacto
por el sudor por el olfato
por la piel el pelo y las papilas.
Oíamos música a veces
a veces encendíamos velas
pero especialmente convocábamos a los poetas.
No era raro Darío en el orgasmo
no era raro Dante en la madrugada
no era raro Pavese al anochecer
de los sueños imposibles: huir en barco
marcharse a otra parte
—Kundera: la vida siempre está en otra parte—.
Sin embargo
la vida
cruel
sanguínea
carnal
voluptuosa
la vida y su dolor
y sus sonrisas
estaba allí
encajada como un seno en el otro
como un sexo en otro sexo.
Como la boca en otros labios.

LE SOMMEIL, DE GUSTAVE COURBET

Si el amor fuera una obra de arte
yaceríamos todavía desnudas y dormidas
la pierna sobre el muslo
la cabeza sobre el hombro —nido—
resplandecientes y sensuales
como en *Le sommeil* de Courbet
cuya belleza contemplamos extasiadas
una tarde, en Barcelona
("Salimos de una cama para entrar en otra",
dijiste).

No hubiéramos despertado nunca
ajenas al paso del tiempo

al transcurso de los días y de las noches
en un presente permanente
de tiempo paralizado
y espacio cristalizado.

Quise vivir en el cuadro
quise vivir en el arte
donde no hay fugacidad
ni tránsito.

Pero se trataba solo de amor
no del cuadro de Courbet
de modo que despertamos
y era el ruido de la ciudad
y era el reclamo de la realidad
los crueles menesteres
—las pequeñeces de las que habló Darío—.

Se trataba solo de amor
no del cuadro de Courbet
de modo que despertamos
y eran los teléfonos las facturas
los recibos de la luz la lista del mercado
especialmente era lo fútil,
lo frágil, transitorio,
lo banal, lo cotidiano,
eran los miedos las enfermedades
las cuentas de los bancos
los aniversarios de los parientes.

Dejamos solas
abandonadas a las bellas durmientes
de Courbet

solas
abandonadas en el museo
en las reproducciones de los libros.

Se trataba solo de amor
es decir, de lo efímero,
eso que el arte siempre excluye.

EXUBERANCIA

Ayer te deseaba tan exaltadamente
	que estuve a punto de ligarme a otra
solo por exuberancia.

BARNANIT V

El camarero del bar donde amo
escribo sueño pienso me aburro
te espero (mi segunda residencia
si fuera una escritora de moda
una burguesita de moda
una tenista o una presentadora de televisión)
el camarero del bar me sonríe
a pesar del calor del verano.
Trabaja demasiado
catorce horas de una mesa a la otra
y el pedido lo más rápido posible
cualquier día se va a deshidratar
y los médicos le darán pastillas de potasio
no un salario mejor
ni menos horas de trabajo.

El camarero tiene camisa blanca
y pantalón negro
los cabellos cortos
veinticinco años.
Le gustaría irse a dormir
pero los parroquianos de estío en la ciudad
somos pobres, insomnes y muy pesados
comemos bebemos charlamos
está deseando irse
¿para esto se hizo la revolución bolchevique?
¿Para esto triunfó el capitalismo?
Catorce horas salvajes
catorce horas sumisas.
"Después me toca limpiar", me dice
con resignación.
No leyó El capital
no sabe posiblemente en qué consiste la plusvalía

pero la genera.
Las mesas están sucias
los residuos del comer
del beber
los servicios también están sucios
cuando se cumplan las catorce horas se irá
mal pagado
mal dormido
convencido de que este es el único sistema posible.
Es verdad
yo tampoco puedo pagarle con poemas
yo también estoy mal pagada.
Le deseo las buenas noches
me voy a dormir
nuestra jornada de bar ha sido larga
a pesar de que yo sí leí *El capital*.

QUERIDA MAMÁ

¿Cuándo te morirás
para que yo pueda suicidarme
sin sentimiento de culpa?

LA MUSA REBELDE

Hoy la musa ha amanecido reivindicativa
no sé qué me dice de su verdadera personalidad
de ser ella misma
de no querer ser otra.
La musa está cansada
cuatro años en el escenario
han mermado su resistencia.
Basta de disfraces
quiere ser auténtica.
Le abro la ventana de los sueños
para que se vaya
presiento que ha llegado el momento
de decir adiós.
Ella se irá por la ventana

y en el suelo
como un vestido ajado
ya sin uso
la musa será solo vacío
solo ceniza.
La habitación estará muy sola
y yo no tendré un cuerpo
al que vestir
ni un poema que escribir.

DESPEDIDA DE LA MUSA

Ayer eché a la musa
por su mal comportamiento:
despojose de los velos
los vestidos las palabras
los versos los encajes
y quiso ser ella misma
recuperar su identidad
habló de sus derechos femeninos
y reclamó su libertad.

Pobre musa sin poeta
pobre cuerpo sin investidura
pobre mujer sin quien la sueñe.

Sé lo que le pasa
la musa ha tenido envidia del poeta
ya no quiere ser musa
ahora quiere escribir versos.

ONCE DE SEPTIEMBRE

El once de septiembre del dos mil uno
mientras las Torres Gemelas caían,
yo estaba haciendo el amor.
El once de septiembre del año dos mil uno
a las tres de la tarde, hora de España,
un avión se estrellaba en Nueva York,

313

y yo gozaba haciendo el amor.
Los agoreros hablaban del fin de una civilización
pero yo hacía el amor.
Los apocalípticos pronosticaban la guerra santa
pero yo fornicaba hasta morir
—si hay que morir, que sea de exaltación—.
El once de septiembre del año dos mil uno
un segundo avión se precipitó sobre Nueva York
en el momento justo en que yo caía sobre ti
como un cuerpo lanzado desde el espacio
me precipitaba sobre tus nalgas
nadaba entre tus zumos
aterrizaba en tus entrañas
y vísceras cualesquiera.
Y mientras otro avión volaba sobre Washington
con propósitos siniestros,
yo hacía el amor en tierra
—cuatro de la tarde, hora de España—
devoraba tus pechos tu pubis tus flancos
hurí que la vida me ha concedido
sin necesidad de matar a nadie.
Nos amábamos tierna apasionadamente
en el Edén de la cama
—territorio sin banderas, sin fronteras,
sin límites, geografía de sueños,
isla robada a la cotidianidad, a los mapas,
al patriarcado y a los derechos hereditarios—
sin escuchar la radio
ni el televisor
sin oír a los vecinos
escuchando solo nuestros ayes
pero habíamos olvidado apagar el móvil
ese apéndice ortopédico.
Cuando sonó
alguien me dijo: Nueva York se cae
ha comenzado la guerra santa,
y yo, babeante de tus zumos interiores,
no le hice el menor caso,
desconecté el móvil
miles de muertos, alcancé a oír,
pero yo estaba bien viva,
muy viva fornicando.
"¿Qué ha sido?", preguntaste,

los senos colgando como ubres hinchadas.
"Creo que Nueva York se hunde", murmuré,
comiéndome tu lóbulo derecho.
"Es una pena", contestaste
mientras me chupabas succionabas
mis labios inferiores.
Y no encendimos el televisor
ni la radio el resto del día,
de modo que no tendremos nada que contar
a nuestros descendientes
cuando nos pregunten
qué estábamos haciendo
el once de septiembre del año dos mil uno
cuando las Torres Gemelas se derrumbaron sobre Nueva York.

DE *HABITACIÓN DE HOTEL* (2007)

MI CASA ES LA ESCRITURA

En los últimos veinte años
he vivido en más de cien hoteles diferentes
(Algonquin, Hamilton, Humboldt, Los Linajes,
Grand Palace, Víctor Alberto, Reina Sofía, City Park)
en ciudades alejadas entre sí
(Quebec y Berlín, Madrid y Montreal, Córdoba
y Valparaíso, París y Barcelona, Washington
y Montevideo)

siempre en tránsito
como los barcos y los trenes
metáforas de la vida
en un fluir constante
ir y venir.

No me creció una planta
no me creció un perro

solo me crecen los años y los libros
que dejo abandonados por cualquier parte
para que otro, otra
los lea, sueñe con ellos.

En los últimos veinte años
he vivido en más de cien hoteles diferentes
en casas transitorias como días
fugaces como la memoria.

¿Cuál es mi casa?
¿Dónde vivo?
Mi casa es la escritura
la habito como el hogar
de la hija descarriada
la pródiga
la que siempre vuelve para encontrar los rostros conocidos
el único fuego que no se extingue.

Mi casa es la escritura
casa de cien puertas y ventanas
que se cierran y se abren alternadamente.
Cuando pierdo una llave
encuentro otra
cuando se cierra una ventana
violo una puerta.
Al fin
puta piadosa
como todas las putas
la escritura se abre de piernas
me acoge me recibe
me arropa me envuelve
me seduce me protege
madre omnipresente.

Mi casa es la escritura
sus salones sus rellanos
sus altillos sus puertas que se abren
a otras puertas
sus pasillos que conducen a recámaras
llenas de espejos
donde yacer

con la única compañía que no falla:
las palabras.

LA INVENCIÓN DEL LENGUAJE

Ebrias de lenguaje
como antiguas bacantes
borrachas de palabras
que endulzan o hieren

pronunciamos las palabras amadas
—carne, voluptuosidad, éxtasis—
en lenguas diversas —*joie, gioia, happiness*—
y evocamos el goce y la dulzura
de las antiguas madres
cuando balbucearon
por primera vez
los nombres más queridos.

Las madres
que bautizaron los ríos
los árboles las plantas
las estrellas y los vientos

que dijeron ultramar
y lontananza.

Las madres que inventaron nombres
para sus hijas y sus hijos
para los animales que domesticaron

y para las enfermedades de los niños

que llamaron cuchara a la cuchara
y agua al líquido de la lluvia

dolor a la punzada de la ausencia

y melancolía a la soledad.

Las madres que nombraron fuego
a las llamas
y tormenta a la tempestad.

Ellas abrieron sus carnes para parir
sonidos que encadenados formaron palabras
la palabra cadena
y la palabra niebla

la palabra amor
y la palabra olvido.

Saben
desde el comienzo
que el lenguaje
es grito de la voz que se hace
pensamiento
pero nace, siempre,
de la emoción
y del sentimiento.

CONSIDERANDO

Teniendo en cuenta y considerando
el progresivo deshielo de los mares
el efecto invernadero
la veloz extinción de las especies
el hambre feroz en África y el sida
las guerras religiosas en Oriente
los miles de mujeres asesinadas
por sus hombres más cercanos
la progresión del cáncer
la infibulación de las niñas
el aumento del precio del petróleo
el turismo sexual en Tailandia
las múltiples torturas impunes
el numeroso grupo de dictaduros
y dictablandos
el tráfico de armas
el tráfico de órganos
el tráfico de blancas

las matanzas los genocidios
las violaciones y los accidentes automovilísticos

el hecho de que tú y yo ya no hagamos el amor
es sencillamente irrelevante.

OBEDIENCIA

Hoy he sido una niña obediente
(una niña obediente de más de cuarenta años)
he seguido los consejos
del manual de desintoxicación
no he exigido mi dosis
no te he llamado por teléfono
ni siquiera he discado tu número para escuchar tu voz
y rebajar mi ansiedad
no te he escrito la vigésima carta sin respuesta
(ni siquiera la he enviado)
no he mirado tu fotografía
ni los mensajes de móvil archivados
no he hablado de vos con nadie
he dormido y no soñé contigo
he hecho los deberes
he ido al mercado
hablé con el vendedor
una sesuda conversación
acerca del precio de los tomates
que suben por la huelga de los camioneros
o por la huelga de la lluvia
le abrí la puerta del ascensor a una anciana,
un poco más anciana que yo,
limpié la casa
quité el polvo de los muebles
y contesté un par de emails.

Ahora, doctor, a las doce de la noche,
después de haber sido una niña obediente,
¿me puede decir qué hago?

Tómese una pastilla para dormir,
dirá el médico.

¿De modo que estoy haciendo una cura de desintoxicación
amorosa
para pasarme de los orgasmos
a los somníferos?
Qué civilización estamos construyendo.

AMOR CONTRARIADO

Cuando a las dos de la mañana
te llamo por teléfono
desesperadamente
para decirte que haría el amor hasta morir
detesto que como un reloj cucú me des la hora
me preguntes
si he tomado la pastilla para dormir
si he ido al médico
si he entregado por fin
el artículo del periódico
si he cenado
bajo en colesterol.

Si hubiera hecho todas esas tonterías
estaría igualmente insatisfecha

y además

considera
que no será nada frecuente
en la poca vida que te queda
que alguien te llame a las dos de la mañana
para decirte que haría el amor hasta morir
porque a los cincuenta nadie tiene ganas de hacer el amor
hasta morir
(prefieren morir de cosas normales como cánceres
tumores infartos cerebrales).

A los cincuenta
ya nadie es romántico
todo el mundo ha aceptado el fracaso
la hipoteca
el matrimonio vulgar

gay o hetero
lo mismo da.
Solo algunos locos se pierden en el mar
en una barca solitaria
solo algunos locos escriben libros
solo algunos locos se emborrachan
de alcoholes interiores.
Solo algunas locas
llaman a las dos de la mañana
para decir
haría el amor hasta morir
y sin preservativo.

FIN DE AÑO EN EL AEROPUERTO

Noche del treinta y uno de diciembre
en el solitario aeropuerto iluminado
como un gran árbol de Navidad.

Se escuchan los tenues pasos
de pilotos que desembarcan
rumbo a casa
cargados de paquetes
y las rubias azafatas se deslizan
por la cinta mecánica
como por la pasarela de modelos.

Los últimos viajeros
se apresuran a salir
antes de que den las doce
y un año suceda a otro
como las hojas de árboles (Homero: *cual la generación de las hojas,*
así la de los hombres).
Yo, sin embargo, permanezco.
He encontrado la tierra de nadie
donde el tiempo transcurre sin angustia
detenido como un cuadro
útero materno del cual no salir
porque afuera hace frío
hace soledad
hace la guerra

hacen las hipócritas fiestas
de los que aparentan ser felices.

Cuando todos se hayan ido
me miraré en la gran vitrina
del aeropuerto en penumbra
como una iglesia
pasajera que no va a ninguna parte.

Los aviones reposan en la pista,
ídolos caídos de una religión
sin sacerdotisas.

LITERATURA

"Todo lo conviertes en literatura",
me reprochas

"todo, amores, viajes, paseos,
discusiones, todo lo conviertes en
literatura",
me reprochas

estás exagerando

solo una mínima parte

tan mínima que a veces pienso
que no tiene importancia

y en todo caso
es mejor que la muerte

que todo lo convierte en polvo.

LITERATURA II

"Todo lo conviertes en literatura",
me reprochas, llorando

"cuando te deje seguro que escribes
una novela contra mí"

no exageres, mujer,

no da para una novela

quizás solo para algún poemita

que luego leeré en público

y nadie sabrá que eras tú.

"Todo lo conviertes en literatura",
me reprochas, llorando

"cuando te deje vas a escribir contra mí"

entonces no me dejes,
te digo, besándote en los ojos.

Madurez

Contra la anorexia adolescente
el esplendor de la carne madura
abundante plena opípara
espléndido regalo de las diosas amables
a las señoras
de más de cuarenta años.

Asombro

"Enséñame", dices, desde tus veintiún años
ávidos, creyendo, todavía, que se puede enseñar alguna cosa

y yo, que pasé de los sesenta
te miro con amor
es decir, con lejanía
(todo amor es amor a las diferencias

al espacio vacío entre dos cuerpos
al espacio vacío entre dos mentes
al horrible presentimiento de no morir de a dos)

te enseño, mansamente, alguna cita de Goethe
("detente, instante, eres tan bello")
o de Kafka (una vez hubo, hubo una vez
una sirena que no cantó)

mientras la noche lentamente se desliza hacia el alba
a través de este gran ventanal
que amas tanto
porque sus luces nocturnas
ocultan la ciudad verdadera

y en realidad podríamos estar en cualquier parte
estas luces podrían ser las de New York, avenida
Broadway, las de Berlín, Konstanzerstrasse,
las de Buenos Aires, calle Corrientes

y te oculto la única cosa que verdaderamente sé:
solo es poeta aquel que siente que la vida no es natural
que es asombro
descubrimiento revelación
que no es normal estar vivo

no es natural tener veintiún años
ni tampoco más de sesenta

no es normal haber caminado a las tres de la mañana
por el puente viejo de Córdoba, España, bajo la luz
amarilla de las farolas

no es natural el perfume de los naranjos en las plazas
—tres de la mañana—

ni en Oliva ni en Sevilla

lo natural es el asombro

lo natural es la sorpresa

lo natural es vivir como recién llegada

al mundo

a los callejones de Córdoba y sus arcos

a las plazas de París

a la humedad de Barcelona

al museo de muñecas

en el viejo vagón estacionado

en las vías muertas de Berlín.

Lo natural es morirse

sin haber paseado de la mano

por los portales de una ciudad desconocida

ni haber sentido el perfume de los blancos jazmines en flor

a las tres de la mañana,

meridiano de Greenwich

lo natural es que quien haya paseado de la mano

por los portales de una ciudad desconocida

no lo escriba

lo hunda en el ataúd del olvido.

La vida brota por todas partes
consanguínea

ebria

bacante exagerada

en noches de pasiones turbias

325

pero había una fuente que cloqueaba

lánguidamente

y era difícil no sentir que la vida puede ser bella

a veces

como una pausa

como una tregua que la muerte

le concede al goce.

DE *PLAYSTATION* (2009)

F IDELIDAD

A los veinte años, en Montevideo, escuchaba a Mina
cantando "Margherita" de Cocciante
en la pantalla blanca y negra de la Rai
junto a la mujer que amaba
y me emocionaba

A los cuarenta años escuchaba a Mina
cantando "Margherita" de Cocciante
en el reproductor de cassettes
junto a la mujer que amaba,
en Estocolmo,
y me emocionaba

A los sesenta años, escucho a Mina
cantando "Margherita" de Cocciante
en YouTube, junto a la mujer a la que amo,
ciudad de Barcelona,
y me emociono

Luego dicen que no soy una persona fiel.

Anoche tuve un sueño

I

Anoche soñé que hacía el amor con mi madre
mejor dicho
no conseguía hacer el amor con mi madre
porque siempre venía alguien a interrumpirme
con alguna tontería

mi madre estaba desnuda
y era muy guapa
siempre ha sido muy guapa
hasta en la vejez

debía tener veintiséis años
la edad que tenía cuando yo nací

y estaba desnuda
completamente desnuda

me gustaba mucho mi madre
pero siempre aparecía alguien
dispuesto a interrumpir
así que yo me demoraba

No se lo contaré al psicoanalista
me dirá que esa no era mi madre
a pesar de tener la apariencia de mi madre

a los psicoanalistas les gusta mucho
que las cosas no sean lo que son
les pagan para eso.

II

Igual al otro día fui al psicoanalista
y le conté un sueño
le conté que me acostaba con una mujer
joven
más joven que yo
tenía veintiséis años

entonces el psicoanalista
me dijo que esa mujer no era otra mujer
como yo creía en el sueño
en realidad —dijo—
la mujer con la que soñó que se acostaba
era su madre.

III

Me pasé un mes
preguntándole a toda clase de personas
—hombres y mujeres—
si habían soñado que se acostaban con sus madres
y ellos
—hombres y mujeres—
me decían que no
que de ninguna manera
ellos y ellas no soñarían con esas porquerías

—una sucia cosa de esas—

hasta que me di cuenta
de que no tenían madres guapas.

Convalecencia

Me pasé tres meses en la cama
con la pierna derecha en alto
jugando con la playstation

—me había atropellado un auto—.

Cuando dejaba de jugar con la playstation
y buscaba un libro para leer
todos eran tristes
contaban cosas horribles
de los seres humanos
—no necesariamente guerras y torturas,
sino matrimonios, hijos, divorcios, infidelidades—

de modo que volvía a la playstation.

La literatura es un residuo,
un excremento de la vida.

CONVALECENCIA II

Me pasé tres meses en la cama
con la pierna en alto
jugando con la playstation

—me había atropellado un auto—.

Cuando dejaba de jugar con la playstation
y encendía la televisión
todas las cosas que veía eran horribles
asaltos asesinatos violaciones
guerras chismes pornografía

de modo que volvía a la playstation.

El televisor me lo había regalado
una amiga y nunca lo había encendido antes.

PARA QUÉ SIRVE LA LECTURA

Me llaman de una editorial
y me piden que escriba
cinco folios sobre la necesidad de la lectura

No pagan muy bien
¿quién podría pagar bien por un tema así?
Pero de todos modos
necesito el dinero

así que enciendo el ordenador y me pongo a pensar
sobre la necesidad de la lectura
pero no se me ocurre nada

es algo que seguramente sabía cuando era joven
y leía sin parar
leía en la Biblioteca Nacional
y en las bibliotecas públicas

leía en las cafeterías
y en la consulta del dentista

leía en el autobús y en el metro

siempre andaba mirando libros
y me pasaba las tardes en las librerías de usado
hasta quedarme sin un duro en el bolsillo

tenía que volver a pie a casa

por haberme comprado un Saroyan o una Virginia Woolf

Entonces los libros parecían la cosa más importante de la vida

fundamental

y no tenía zapatos nuevos
pero no me faltaba un Faulkner o un Onetti
una Katherine Mansfield o una Juana de Ibarbourou

ahora la gente joven está en las discotecas
no en las bibliotecas

yo me hice una buena colección de libros
ocupaban toda la casa

había libros en todas partes
menos en el retrete

que es el lugar donde están los libros
de la gente que no lee

a veces tenía que seguirle durante mucho tiempo
las huellas a un libro que había salido en México
o en París

una larga pesquisa hasta conseguirlo

No todos valían la pena
es verdad
pero pocas veces me equivoqué
tuve mis Pavese mis Salinger mis Sartre mis Heidegger
mis Saroyan mis Michaux mis Camus mis Baudelaire
mis Neruda mis Vallejo mis Huidobro
para no hablar de los Cortázar o de los Borges

siempre andaba con papelitos en los bolsillos
con los libros que quería leer y no encontraba

por allí andaban los Pedro Salinas y los Ambrose Bierce
la infame turba de Dante

pero ahora no sabía decir para qué maldita cosa
servía haber leído todo eso

más que para saber que la vida es triste

cosa que hubiera podido saber sin necesidad de leerlos

Cuando habían pasado cinco horas yo todavía no había escrito
una sola línea
así que me puse a escribir este poema
Llamé a los de la editorial
y les dije creo que para lo único que sirve
la lectura
es para escribir poemas

no puedo decirles más que eso

entonces me dijeron que un poema no servía,
que necesitaban otra cosa.

PUNTO DE ENCUENTRO

Me encontré con mi antiguo profesor de filosofía
en un enorme sex shop casi vacío, sí descontábamos
las cabinas de los inmigrantes que se hacen la paja.

A mí me gustan los sex shop porque me recuerdan
las jugueterías de mi infancia. Siempre había querido
quedar encerrada en una juguetería,
pero no tenía ganas de quedarme encerrada en el sex shop,
solo echarle un vistazo. Ese sex shop me recordaba también
a una biblioteca, con sus anaqueles de separación
y sus clasificados, aquí porno duro, aquí videos gay, aquí
sadomaso, allá queers y travestis.
No había nadie en el sex, salvo el profe y yo, de modo
que no tuvimos más remedio que saludarnos e intercambiar
algunas palabras.

—Leí tu último libro de poemas —me dijo—. Me gustó
mucho. Es poderoso.
Era la primera vez que alguien calificaba así uno de mis libros,
y me gustó. No había que agregar un solo adjetivo más.
Poderoso. Como un Porche última generación.

—Yo leí sus artículos sobre la disputa entre Leibniz y Hobbes —le dije— en el último número de la revista de la universidad.

En ese momento entró un hombre con una mujer. Pidieron un pene de veintiocho centímetros de largo y cinco de diámetro y un buen lubricante que fuera antialérgico, porque el último que habían comprado le había hecho salir un sarpullido en el pene y a ella un habón en el clítoris.

—También he escrito otro sobre las cartas de Simone de Beauvoir a Sartre —me informó—. Las últimas cartas, las inéditas.

El vendedor les estaba explicando cómo había que meter las pilas en el vibrador y el hombre de la pareja le dijo si hacían descuento si además se llevaba una fusta con manguito de cuero.

—¿Las que se publicaron después de su muerte? —le pregunté al profesor—. No las leí todavía.

Estábamos en la sección correspondiente a grandes tetas, pero no mirábamos hacia ningún lado, como si estuviéramos en el parque. Yo pensé que le estorbaba el camino hacia una de las cabinas, así que cogí una película sobre orgasmos múltiples entre bisexuales y me dirigí a la caja.

—Te mandaré el artículo en cuanto se publique —me dijo el profesor, sin moverse del pasillo. Las cabinas estaban a pocos metros.

Salí del sex shop pensando que me había gastado quince euros en una película que no quería. Yo quería la de grandes tetas.

ESTADO DE EXILIO

Otra vez me tradujo
una presa, una presa blanca
del penal de Texas.

Le habían dado veinticinco años
por ayudar a escapar a una negra.

Aprendió español

no tenía acceso al ordenador

yo le mandaba cartas
que primero leía la oficial del penal

como los oficiales habían leído las cartas
que yo mandaba a mi madre

en tiempos de la dictadura.

Así son las cosas,
Marilyn Buck,
le dije.

Ella tradujo *Estado de exilio*
yo le mandé una carta
y una postal de Barcelona
con los monigotes de Gaudí,
Parque Güell

intercambiamos fotos

me pareció una blanca honda
y fuerte,
aguerrida

una mujer convencida de lo que hacía

(veinticinco años por ayudar a escapar a una negra).

El libro lo publicó City Lights.

Las activistas de negros
hicieron un acto en una librería de San Francisco

Marilyn Buck no pudo ir
por estar presa

yo tampoco fui

el acto poético ya había pasado

el día en que Marilyn Buck, del penal de Texas,
aprendió español
para traducir *Estado de exilio*.

MARX SE EQUIVOCÓ

Era una exiliada
y vivía en un barrio de inmigrantes

trabajaban mucho
ganaban poco

pagaban la hipoteca
y después morían

Un día salí en la tele
(había publicado mi décimo libro)
y un vecino me reconoció

me miró con desconfianza

¿qué hacía alguien que salía en la Gran Pantalla
viviendo en un barrio como ese?

Seguramente yo era una impostora
una farsante
una simuladora

En el mercado
una vecina discutía con otra
le decía: "la vi en la televisión"

y la otra le contestaba que no
que sería una mujer muy parecida

Algunos me negaron el saludo
Pensaban que me había burlado de ellos

Fue en el momento en que reconocí
admití para siempre
que Marx se había equivocado

hombres y mujeres no nacen buenos
como dijo

como había dicho Rousseau

los dos se equivocaron

y yo también

Casi me linchan
por vivir en barrio equivocado

y salir en la televisión.

I LOVE CRISTINA PERI ROSSI

En el portal de Amazon
aparece mi nombre

al lado de Michael Jackson
Madonna y George Clooney

venden camisetas en tres tallas
(pequeña mediana mayor)
para hombres mujeres niños o niñas

las camisetas blancas
tienen una inscripción
en letras rojas: I love Michael Jackson
I love Madonna
I love George Clooney

I love Cristina Peri Rossi
mi nombre es más largo
ocupa más espacio

Me pregunto quién habrá tenido
la alocada idea de quererme en camisetas
de Amazon

Solo me gusta el "No llores por mí, Argentina"
de Madonna
y detesto a George Clooney
(Michael Jackson me da un poco de lástima
tuvo una infancia difícil, como yo)

Al otro día las camisetas siguen allí
en el portal
a quién se le habrá ocurrido
que me ama tanta gente

como no me lo termino de creer

compro un par de camisetas I love
Cristina Peri Rossi

—A ver si haces un poco de dinero
—dice mi amiga— que la literatura
no da para comer
Parece que puede dar para vestirse un poco,
pienso

A los quince días llegan por correo
las camisetas I love Cristina Peri Rossi

dos por cincuenta dólares más diez de envío
Pienso que amarme no es tan caro
podría ser mucho peor

Mi abogado dice que es inútil poner una demanda
Amazon no contesta
tiene una respuesta robot para todos igual

no sé a quién regalarle las camisetas

A mí, mi amor me queda grande.

FORMAR UNA FAMILIA

Aquella mujer me gustaba mucho
pero me propuso que formáramos una familia

ella ya tenía un hijo
de su primer marido

tenía padre madre hermanos y primos.

Otra familia me parecía una redundancia.

—¿Para qué quieres otra familia? —le contesté—.
¿Para que vea cómo tu hijo no baja la tapa
del retrete por miedo oculto a la castración
y cómo tu hermana no cierra la puerta del baño
para no perderse nada de lo que ocurre en el salón?

—¿Esa es tu idea de una familia?
—me preguntó.
No, además tenía otras ideas:
gente con la cual yo no me tomaría un café
si no mediara un parentesco
gente que discute por dinero
propiedades cuentas bancarias
gente que no se habla por un asunto
de reparto de sillas o de sofás

y que se reúnen una vez al año
—por Navidad—
sin tener ganas
y se pasan la noche anterior
y el veinticinco de diciembre
comiendo y bebiendo

y haciendo mucho ruido.

—¿Tú que haces por Navidad?— me preguntó, entonces.

—Busco una emisora de música clásica
—le dije—

y juego a la playstation.

DE *LA NOCHE Y SU ARTIFICIO* (2014)

LA NOCHE Y SU ARTIFICIO

Amo la noche y su artificio
ausente la luz diurna
brillantes los faros
soliloquio de semáforos
que guiñan sus tres ojos
y parpadean en la inmensidad nocturna
negra como mar
Amo la noche y su artificio
la noche maquillada
la noche ebria de desconocidos
abrazados a los últimos árboles
como a viudas
suspendidas las certezas del día
suspendidas las rutinas de la vigilia

la noche feroz
de borrachos que pelean por un culo de botella
la noche de mujeres hombres
y de hombres mujeres
embriagados
en soñadora confusión original
confusión de óvulos y deseos
de espermatozoides y sueños imposibles

la noche feroz y sentimental
de emociones intensas y soledades íntimas
la noche argumental como una película antigua
la noche solitaria del gato huérfano
y sin abrigo

la noche que nos elevaba al paraíso
con los brazos en cruz
mientras te amaba
mientras me amabas
y la eternidad acariciaba nuestros cuerpos fundidos
pátina de belleza
derramada sobre la mejilla el libro

el espejo las voces
y la pequeña cicatriz de tu pie
invisible
para los amantes bruscos y desatentos

Amo la noche de los amores sacros
como el vino y el pan
como el cáliz y la hostia

La noche de los amores
que duran toda la vida
la vida de unas horas
la vida de un minuto

soñadores de artificios
que se destruyen
con la luz del día
cuando todo vuelve a la normalidad
es decir
al plástico y a Facebook.

EL AMOR EXISTE

El amor existe
como un fuego
para abrasar en su belleza
toda la fealdad del mundo.

El amor existe
como un presente de las diosas
benignas
a quienes aman la belleza
y la multiplican
como los panes y los peces.

El amor existe
como un don
solo para quienes están dispuestas
a renunciar
a cualquier otro don.

El amor existe
para habitar el mundo
como si fuera
el paraíso
que un amante distraído perdió

por pereza
por falta de sabiduría.

El amor existe
para que estallen los relojes
lo largo se vuelva corto

lo breve infinito

y la belleza borre
la fealdad del mundo.

Comunión II

Te amo, me dijo,
y unció su dedo índice
con gotas de sangre menstrual
que estampó en mi boca
clave secreta
códice sacro

dulce sabor de tus entrañas
manantial fecundo
semilla de palabras iniciáticas

célula original
Todo nace en ti
como de la tierra
como del mar
con sabor a concha
con sabor a alga
con sabor a miel

todo nace de esa gota
que encierra el mundo

y su furor
el mundo y su ternura
el mundo y su dolor
el mundo y su alegría

como cuando dolorida
te quejas de tus óvulos encapsulados

y yo deposito mis manos cálidas sobre tu vientre
lamo tus lágrimas

acuno tu dolor y lo mezo

tu dolor es el mío
partenogénesis que llamamos amor.

Comunión IV

Como los guerreros antiguos bebían
la sangre
de sus rivales muertos

yo me bebo tu sangre menstrual

y soy tu hermana

tu amante y tu pariente

aquella que al beberte
adopta tus gestos
tus palabras
tus virtudes

aquella que establece un pacto de honor
y de amistad

que ningún falo destruirá

ni el falo de la espada
ni el falo del poder

ni el falo del dinero o de la fama
y el ejército de falitos

como un priapismo mortal.

TIERRA DE NADIE

Ahora que todas las regiones
quieren ser naciones
yo busco la tierra de nadie
un lugar sin nombre
que nadie reclame
un lugar de paso
transitorio como la vida misma
sin patria
sin banderas
sin fronteras
sin lengua identitaria
más que la lengua de la poesía.
Territorio de los sueños
donde todo está por empezar
donde todo está por explorar.

CONDICIÓN DE MUJER

Deshechas, reventadas, violadas,
maltratadas, heridas, reventadas,
crucificadas, reventadas, desangradas,
reventadas, perseguidas, torturadas,

SALVAJES

CONSUMIDAS

Ya sin voz

sin fe
sin aliento

sin espera

Hablemos por sus voces
pronunciando lentamente cada letra:

M-U-J-E-R-E-S-D-E-J-U-Á-R-E-Z:

JESUCRISTAS.

EL GRAN ESPECTÁCULO DEL MUNDO

He contemplado con pavor el Gran Espectáculo del Mundo.
Hombres guerreando hombres violando hombres descuartizando hombres
[torturando
riñas querellas secuestros desapariciones —torturas—.

He contemplado con pavor el Gran Espectáculo del Mundo.
Hitler Stalin Mao Franco Somoza Stroessner Videla Duvalier
Ho Chi Mihn Trujillo Pinochet Fujimori Marcos Idi Amin

y los dictadorcitos de entre casa
los domésticos
los de esta es mi mujer mi auto mi casa mi pistola
mi pene

los he visto en la vida real —Videla—
y en la puerta de mi casa —mi padre—

los he visto en el cine —*Nueve semanas y media*,
Noche y niebla, los cien días de Saló—

y los he leído —el marqués loco y Miller, el gran
fornicador, el ebrio Bukowski y los pornógrafos
baratos—

he visto sus cuadros —Balthus, Bacon, Courbet—

y sus fotografías —la niña huyendo del napalm
y los lirios de Mapplethorpe—

he visto sus lidias de toros
sus correbous
y sus riñas de gallos

he visto los partos dolorosos
y las tripas desencajadas

a veces pago la entrada al cine —*Biutiful*—
para sufrir un poco más

y sin embargo
pese a todo

cuando te acercas a mí
sonrío

me regalas una flor y sonrío

me besas y sonrío

te recuerdo y la ternura inunda mi corazón.

Fuimos condenados en otra vida que no puedo recordar
a vivir así,
entre el cielo y el infierno,
el infierno son los otros, es verdad,

salvo cuando me besas,
salvo cuando te sonrío.

ESTADO DE SITIO

Aquella vez
—estado de sitio en la ciudad
sirenas ambulancias tanques verdes
como pesados lagartos
y el miedo creciendo como mala hierba—

creímos que sería la última vez.

Hicimos el amor con la intensidad de la agonía

amar antes de morir
amar hasta morir

hicimos el amor con la desesperación
de la partida

y tus quejidos eran el dolor del orgasmo
tu llanto el llanto de la pérdida en la unión.

Los soldados no llegaron,
pasaron de largo o
fueron a otra casa.

Nunca más hubo una noche como aquella

compartir el miedo
el terror el pánico
une más que compartir la felicidad
la bienaventuranza.

Desde entonces,
busco la intensidad en otra parte
y no la encuentro en las drogas
ni en el alcohol
ni en las orgías

la intensidad está en mi interior
pegada a mi fantasía.

DE *LAS REPLICANTES* (2016)

Exilio

A los veintinueve años me exilié
con pocas cosas:
una maleta vieja
(tan vieja como la de Walter Benjamin
como la de Antonio Machado)

un libro de versos inéditos
y muchas hojas en blanco
Lloraba en los andenes
lloraba en la calle Balmes
Barcelona
hija putativa de Vallejo
Cristóbal Toral pintó todas las maletas
del exilio
de los inmigrantes
yo me perdí en las calles de una ciudad
Barcelona
que va a dar al mar
que es el morir y navegué en sueños
que no tienen fronteras
El amor fue la barca
Eros el barquero.

FECUNDACIÓN

Te fecundé te llené de mí
inundé tu ser vacío
como la vagina de tu cuerpo
como tu útero
te llené de palabras y de recuerdos
de citas y memorias
llené tu hueco con mis gestos
con mis gestas
y después de fecundarte
me fui
me retiré a descansar
como una bestia saciada
de fauces sangrientas
tu vientre tu memoria y tu ser
estaban llenos
mascullas murmuras todavía
en noches en vela
engendrarás un monstruo pequeñito
un ser tan hambriento como tú
No estaré para volverte a alimentar
tu dieta será pobre
paja y huesos secos

pero guardarás memorias
de alegrías y de himnos
de palabras y de ritos
de un paraíso cifrado
que habitamos como Eva y su óvulo
partenogenético, Eva.

SOLEDAD

A los sesenta años me encontraba sola
sentada a las seis de la tarde
en un banco vacío de la plaza

No podía volver a mi casa
porque mi mujer había descubierto
que yo tenía una amante

no podía ir a la casa de mi amante
porque me había abandonado

y no podía ir a la casa de la otra ex
porque me había prohibido volver

de modo que cuando empezó a llover
y no quedaba nadie en la plaza

más que los bancos desolados
y las ramas de los sauces precipitándose

me fui a un hotel
a meditar por qué mi vida emocional
era tan complicada a los sesenta años

En el maldito hotel de tres estrellas
—el único que podía pagarme por una noche—
no había ningún libro para leer
ni un periódico
solo la estúpida televisión
de modo que encendí un canal
y me tomé un botellín de whisky
del minibar

Pasaban películas de asesinos
psicópatas drogadictos y policías corruptos
y yo sin poder hablar con nadie

De modo que llamé al Servicio de Socorro
para Personas Desesperadas del Ayuntamiento
pero me informaron que estaba fuera de servicio
por una avería en el sistema
Así que me emborraché pensando
que todo en este mundo ocurre
para hacer películas o literatura
aunque fueran malas películas
y mala literatura.

LA SEXUALIDAD DE LA LITERATURA

Recibo una invitación para dar una conferencia
sobre la sexualidad en la literatura

pagan poco

pero estoy sin un duro

y el dinero me vendría bien para comprarme
un par de botas nuevas de invierno

¿la sexualidad en la literatura?
Me pregunto a qué se referirán
si a la sexualidad de los personajes
de los autores de las agentes literarias
o de los editores
todas tienen una cosa en común: son insatisfactorias

como la de los albañiles las modelos
los jugadores de fútbol los presentadores de televisión
y los astronautas

Freud dijo que el hombre o la mujer satisfechos
de sí mismos no aman

tampoco desean

ahora bien, ¿qué tiene que ver eso con la literatura?
Podría decir por ejemplo que la literatura
tiene sexo femenino pero eso es confundir género con sexo

Llamo a la institución que me invita a dar la conferencia
quiero averiguar algo más sobre el tema

me atiende la secretaria
le pregunto si el tema se refiere a la sexualidad en la literatura
de la literatura de los personajes o de los autores

no me contesta, bloquea la llamada y comenta con alguien:
—Al teléfono una paranoica hablando de sexo y literatura.

LAS REPLICANTES

Me pasé cuatro años intentando descubrir
a quién me recordabas
a quién evocaba
cuando te amaba
cuando te decía te quiero
o iba contigo al cine

Nada muy profundo
simplemente una sospecha
el síndrome de Rebeca

alguien que está detrás de otra persona
de una manera tan leve
tan sutil

que nunca llega a la conciencia

La otra noche
después de una lectura de poemas
firmaba ejemplares
de mi último libro

una mujer se acercó
la reconocí
había estado una sola noche con ella

ni siquiera una noche completa
ni siquiera una noche muy buena

yo había huido vergonzosamente
de su locura

la reconocí
esa mirada un poco desequilibrada
(el descontrol entre los ojos y la boca
que expresan cosas diferentes
hasta opuestas)
la sonrisa sádica y a veces masoquista

el temblor de las manos
entre la omnipotencia y el desamparo
una belleza herida
una belleza dolorida

nos saludamos
(ah, esa nueva sumisión que yo no conocía
y se debía exclusivamente al falo
de haber publicado un libro)

le firmé el ejemplar
pero ahora yo había hecho un gran descubrimiento
ahora sabía a quién me recordabas vagamente
te parecías a ella
de una manera personal e intransferible
de una manera que estaba en mi cabeza
solo que cuatro cinco años atrás
la noche en que me acosté con ella
lo hice porque me recordaba a otra
a otra mujer a la que había amado
diez años antes
y no nos fue muy bien

pero aquella otra mujer
—a la que amé diez años antes—
me recordaba a otra anterior
a la que había amado intensamente
y ahora estaba enferma de cáncer

una cadena de replicantes

los eslabones de una biografía de amor

llena de espectros
que conducen de una mujer a otra
como los afluentes de un río
que va a dar al mar
que, por supuesto, es el morir

Salvo que aquella mujer que amé
intensamente en mi juventud
fuera alguna otra
que no puedo recordar.

DNI

Amo a la desconocida que yace a mi lado
y se duerme
luego del amor
mecida por mis palabras
que son líquidas son de agua
fugaces como la memoria de las algas.

Amo a la desconocida
que ríe a mi lado y tiembla
a la que penetro lentamente
sin preguntarme quién es

y en el barullo de sus órganos
hay un texto milenario que descifrar
un códice antiguo
cuyos fonemas y sintagmas ignoro
gozosamente.

Al fin
aprendí la lección:
no preguntes nunca quién es aquella
a quien deseas

no esperes ninguna revelación de identidad:
ama a tus fantasmas

si ella

la actriz

seducida por tus palabras como monedas y aplausos
también finge que te ama.

4 AM

A las cuatro de la mañana
en el box número 7
del Hospital Clínico

enchufada a un desfibrilador aórtico
escucho cómo mi vecina de box
(ochenta y cuatro años, infarto de miocardio)
grita que en el techo hay unos bichitos que bailan
uno es hembra otro es macho.

Nos separa una delgada cortina de lino
que impide mirarnos.
"¿Usted no los ve?",
me pregunta sin conocerme.
Le digo que no,
deben ser las clavijas del aire acondicionado.
"Pues bailan", insiste la mujer.
Me pregunto por qué yo no deliro
quizás porque si delirara como mi vecina
podría recordarte haciéndome el amor
hace dos noches
en una habitación de Barcelona
y eso no le iría bien a mi corazón cansado.

DE *LA RONDA DE LA VIDA* (2023)

LA RONDA DE LA VIDA

Como en un tapete verde de ruleta
la bola perversa de la vida gira gira y a veces se detiene.
Ah, el 17 era el reencuentro añorado
con el primer amor adolescente
ahora ya vieja y abuela pero con los ojos celestes todavía.
Gracias, bola Messenger, no era necesario.
Me hubiera quedado con el dulce y doloroso recuerdo.
Me voy a otra mesa a jugar.
Ahora al Blackjack
aparece una carta antigua:
es un amor imposible con una rubia judía
de padres ortodoxos
que alarmados por nuestro amor
la casaron deprisa con un arquitecto judío.
Me dice que no es feliz en Israel.
Bien, es difícil vivir entre misóginos
que leen la Torá excluyendo a las mujeres
y a mí este invierno la neumonía me pilló dos veces.
Vuelvo a la ruleta y ahora el 18 me sorprende
con un recuerdo inesperado.
Es la hermosa venezolana
que exclamaba: "Es tan bello como una muerte lenta"
y yo me quedaba estupefacta.
Yo me estoy muriendo lentamente
y la bola sigue girando para todos y la belleza
es esta orquídea que florece por quinto año
(no sé cómo cuentan los años las plantas)
y el perro que me mira intensa
y sabiamente:
seguro que entre los diez mil olores
que es capaz de distinguir
ha descubierto uno que le hace sentir piedad por mí.

HABITACIÓN 424

"La vida es un cuento sin sentido lleno de furor y de ruido
narrado por un idiota" (Shakespeare).
Quizás si esto hubiera sido lo único
que nos hubieran enseñado
desde el principio
y dogmáticamente
como una religión
no habrían existido ni guerras
ni amores ni desamores
ni elocuencia ni violaciones
ni rascacielos
y hubiéramos desaparecido ya
como los dinosaurios extinguidos.
Ni la habitación 424 por supuesto
del hospital
entre tubos vías el recuerdo de vos
y de otras
de vos de vos
y la lectura del periódico
que me recuerda que la vida es un cuento sin sentido
lleno de furor y de ruido
narrado por un idiota.
Esa idiota soy yo.

ELOGIO DE LA VEJEZ

Puedo despertar a las seis de la mañana
y sin moverme de la cama
mirar por la ventana
el lento desperezarse del día.
Algunas nubes blancas
otras grises de contaminación
se escuchan ladridos lejanos de perros
un camión que desembucha cientos de botellas vacías
en un contenedor
con gran estrépito de vidrios
como astillas de un mundo roto
de cristal y anfetaminas.

Puedo escuchar el rugido de las taladradoras matutinas
que perforan el asfalto
como el útero de mujeres
violadas por hombres que les decían que las querían.

Ahora hay un duelo de ladridos
pero no: es el efecto de la empatía
las neuronas espejo de un perro que comienza a ladrar
hacen ladrar a otro perro
y de pronto están ladrando todos los perros de la ciudad
como ambulancias enloquecidas.

Puedo ver avanzar un halo azul por el cielo
la luz matinal rosada y celeste
y el ruido de los autobuses al frenar.

Puedo no trabajar
no levantarme de la cama
y no abrir el ordenador ni el móvil
porque ya no trabajo
ni consumo más que lo imprescindible
hojas de té lentejas un plátano y una naranja
libre para siempre de los ruidosos restaurantes
y de los menús baratos
o los restaurantes exquisitos
allí donde los pijos pagan fortunas
por la vaina de una arveja rellena
de gambitas o un helado
de prepucio de niño coreano
con jarabe de cerezas.

Puedo ver viejas películas
y releer libros olvidados.
Libre para siempre
del oprobioso culto
a la actualidad.

Preocupaciones infantiles

De chica estaba muy interesada
en saber si había más muertos que vivos.

También me interesaba saber
por qué las piedras no hablaban
de qué estaban hechas las plantas
dado que no tenían sangre ni piel
ni eran de lana como las bufandas.
Quería saber cómo colgaban
las estrellas en el cielo
y cuántas eran en total
por qué las mujeres no usaban pantalones
y por qué cinco por cero era cero
pero cinco más cero era cinco.
Percibía cierta confusión en el mundo
y estaba convencida
de que solo si un problema se conocía
en todas sus partes
se podía resolver.
No entendía por qué la edad
no incluía los nueve meses de embarazo
ni el rumbo de las hormigas siempre agitadas.
Los paraguas negros
con su violenta manera de abrirse
me daban miedo
y no entendía por qué en verano
tenía que usar zapatos blancos.
Todo esto y mucho más
me provocaba curiosidad
y dormir me parecía una pérdida
de tiempo
pero jugar al fútbol no
porque me divertía.
Han pasado muchos años.
He aprendido algunas cosas
pero ignoro la inmensa mayoría
de modo que erro me equivoco
te amo cuando no me amas
y tú me amas cuando yo no quiero.
Es decir el mundo sigue tan confuso
y desordenado como siempre
pero no tengo la excusa de ser una niña
ni tampoco su asombro.
Lo he aceptado resignadamente:
jamás entenderé la fórmula de la relatividad de Einstein.

ÁRBOL DE NAVIDAD

Por la noche de neón del hospital en silencio
los tensiómetros de pie como guerreros ordenados en fila
uno junto a otro
parecen una unidad de soldados listos para combatir.
Cuando cambie el turno
saldrán uno a uno
a matar enfermos.

Las enfermeras son casi todas sudacas
(peruanas ecuatorianas dominicanas
venezolanas)
mujeres y extranjeras
para pagarles menos y explotarlas más.
Aun así es preferible: de las sudacas se puede esperar
una sonrisa un saludo un poco de empatía.
Conocen el dolor de la emigración y eso
las hace más humanas.

En cambio las limpiadoras son de origen africano
y no saben la lengua: para limpiar
no se necesita hablar.
Pienso que todas juntas: enfermeras limpiadoras y yo
podríamos cantar "La Internacional"
pero no la saben. Solo saben algunos rezos
y oraciones tradicionales. Igual les propongo hacer un coro.
Ellas que canten y alaben a sus santitos de cada aldea
y yo a los *hideputas* que joden a las mujeres
en todas las culturas y religiones.

La enfermera más vivaz y saltona
me coloca varios tubos en el perchero
de las vías que conducen
a mis venas
y me dice entusiasmada:
"¡Mire qué lindo con tantos tubos
parece un árbol de Navidad!".
A mí me parece en cambio
la percha de un espantapájaros
en invierno. Soy el espantapájaros
tieso que se inclina sin querer

cabeza gacha y cuello torcido
picoteado por las aves.

Algunos enfermos tosen
gimen deliran un poco.
Los moribundos llaman a una madre
muerta ya hace muchos años.
Solo una enferma (hepatitis C)
llama al padre
también ausente.
Me inspira curiosidad:
¿por qué al padre y no a la madre como es habitual?

Entonces me doy cuenta de que yo
nunca llamé a nadie
ni cuando el auto me atropelló
ni cuando me caí de una escalera
ni cuando tuve neumonía
o gripe A.
Nunca una queja
nunca llamé a nadie:
¿es que jamás me sentí protegida por alguien o es el pudor
o la represión?

REFLEJOS

Escribo poemas
converso
cuento cuentos
veo películas.
Ah, el poema de León Felipe
(en Auschwitz en la soledad de un niño muerto de frío
rumbo al matadero igual que un pollo pelado
se callan todos los violines).
Escribo poemas
converso
veo películas
qué bella y melancólica Monica Vitti
paseándose en la inmensa soledad
de una enorme nave industrial
llena de máquinas donde no se escucha más

que el ruido de motores
(*El desierto rojo*, Antonioni)
qué estremecedora belleza
la de ese hombre solitario
de espaldas frente a la inmensidad
del cielo y del mar
(Caspar David Friedrich)
pero ayer un hombre acechó a una niña de trece años
en el rellano de la escalera
donde él también vivía.
La acechó la atrapó la violó y la mató
mientras su padre la esperaba
solo a veinte metros de su casa
y su madre
—la del asesino—
moría de cáncer en un hospital.
Él también tiene una hija
una hija de la misma edad (trece años).
Y aquí que se calle papá Freud
que se callen el abuelo Jung
y mamá Kristeva.
Aquí que se callen Borges
y Cristina Peri Rossi
que prefieren el reflejo de la vida
a la vida misma
porque en el arte se sufre con belleza
y no sé qué belleza pudo percibir la niña
de trece años empalada crucificada por un matón.
En la vida en cambio se sufre con mugre
quebrantahuesos trapos sucios gritos muros
que caen
sangre por los pasillos cuerpos desgonzados
y miembros rotos.
Eh, ten cuidado.
No pises un útero descuajado por el suelo
ni una cabeza cortada.
Pisa este poema o todos los de este mundo
y se sufrirá menos
muchísimo menos
nadie sufrirá.
Y si el origen de tanto dolor está
en el cromosoma Y que hace hombres a los hombres
diferentes a las mujeres

por favor
fabriquen robots sin cromosoma Y
entonces
quizás
podremos amar algo más
que el reflejo de la vida.

HOSPITAL EN BARCELONA

Un enfermero me ayuda a subir
a la silla de ruedas
mientras la enfermera me quita la sonda.
"¡Qué culo, qué culón tienes, es de los que me gusta
montar a mí!", le dice a la enfermera
y esta lanza una carcajada
que se escucha hasta en el pasillo del hospital.
"¡Y a mí que me lo monten!", responde la enfermera
mientras yo voy a ciento diez pulsaciones por minuto.
"Ya verás lo que es una buena montada", dice él
mientras yo palpito desbocada.
Viene el camillero y me conduce hacia el ascensor.
Es joven. Es delgado estrecho moreno tímido
delicado y silencioso. El color de su piel oscuro y opaco
suave y las cejas más negras.
Mis pulsaciones creo que han bajado. "¿De dónde eres?",
le pregunto con la misma suavidad con que él
me desliza por las baldosas del hospital.
"De Honduras —me dice—.
Nadie sabe dónde está Honduras".
"Yo sé dónde está, pero no la conozco", digo.
"No hay trabajo —dice—
pero el cielo es completamente estrellado.
Tantas estrellas que parece estar bajo el universo.
Y las flores. Honduras está llena de flores
de verde y llueve, llueve mucho
a veces parece que no va a parar nunca",
describe con nostalgia.
"¿La echas mucho de menos?", le pregunto.
"Solo quiero que al volver el cielo esté tan lleno de estrellas
la tierra de flores, que llueva mucho
y yo pueda oler la tierra mojada".

Hemos llegado. Se abre la puerta del ascensor.
"Feliz regreso cuando sea", le digo yo,
que hace veinte años que no regreso a Montevideo,
mi ciudad.
Allí también las noches son perfumadas
y llenas de estrellas.
Y entro a la sala de ecocardiograma con el rostro
del joven moreno y piel delicada como una flor
en lugar del culo grandote de la enfermera
y de la bestia que lo quería montar.
Ojalá el camillero pueda regresar a ver las flores
y el cielo estrellado.

Tu muerte no será olvidada

Llamo a mi madre por teléfono
tiene noventa y nueve años
y muchas ganas de vivir
está relativamente sana y contenta
yo tengo treinta menos que ella
de edad
y de ganas de vivir
de modo que le pregunto
cuál es la fórmula
la fórmula para desear la vida
a los noventa y nueve años
y me responde: "El egoísmo, hija,
el egoísmo
y la falta de memoria".
Olvidarlo todo:
he ahí uno de los beneficios del Alzheimer
y yo que siempre me enorgullecí
de mi buena memoria.
"Por eso no fuiste feliz —dice—
recuerdas demasiado".
Entonces por primera vez tengo
un pensamiento agradable en el día
pienso que mi madre se olvidó
de la vez en que a los veintiuno
intenté suicidarme.

COMPAÑERA

Soledad, te conozco
jugamos juntas en la infancia
y lloramos en silencio los dolores
estabas a mi lado
compañera
soledad, tú y yo recorríamos las calles
deambulábamos
y nadie nos veía
vagabundas y nocturnas.
Después te abandoné
me olvidé de ti
tuve otros amores
y pensé que ya no volverías.
Ahora
estás aquí otra vez
envejecida fea rencorosa
y hastiada.
Soledad, te conozco
a veces tú me quieres a veces yo te quiero
tú me reconoces yo te reconozco.
Al fin
serás la última en estar a mi lado
como al principio
pero esta vez
definitivamente.

AUTOBIOGRAFÍA

Viví fuera de la tribu
en las márgenes de las manadas
y conocí el repudio de los jefes
el anatema de los sacerdotes
y la persecución de los soldados.
No fui sin embargo una heroína
sino una excéntrica
es decir alguien que huye del círculo
del triángulo y la televisión.
Amé alguna música y la belleza
tan pasajera como un pájaro que huye

y Fausta embelesada
alguna vez quise retener el instante hermoso
que se esfumó como voluta como viento como ola
como gota de agua como recuerdo.
Ni más
ni menos.

DE *FATA MORGANA* (2024)

FATA MORGANA

Aquel bajel del siglo XVII
que apareció en las aguas
entre la bruma del calor
y la bruma del frío
mientras caminábamos en la arena
color ocre
del siglo XXI
estaba vacío
estaba muerto
Fata Morgana
fantasma de lo que seríamos
en un instante:
más leves
que una foto antigua.

LA NAVE DE LOS DESEOS Y LAS PALABRAS

Los antiguos imaginaban una inmensa torre
donde los humanos mezclados como los peces en el mar
luchaban por imponer su lengua como un falo
sus sílabas como espadas.
Yo imagino en cambio
una inmensa nave como matriz de ballena
donde las palabras navegan sin cesar
disputan disfrutan se aman y pelean

descansan en butacas echadas al sol
intercambian las sandalias y los peplos
y luego, ahítas de sal, de sol y de peleas
se aman entre sí para conjugar verbos.

UN AMOR DE LOS PEQUEÑOS

Pasada ya la edad de los grandes amores
—llenos de estrógenos y de hormonas
tanto como de malentendidos y dificultades—

vuelve los ojos hacia los pequeños
los pequeños amores:
el amor del panadero por el pan

el amor de la viuda por su huerto
el amor de mi amiga Andrea por su gata Frida

el amor del médico por el niño con leucemia

el amor del librero por el olor del papel

el amor del cocinero por las patatas.

No son de los grandes
no son pasiones excluyentes
no hay delirios orgías ni estallidos de celos

no hacen tanto ruido
no terminan con un frasco de pastillas
o un silencio eterno y rencoroso

Pídeme un amor de los pequeños
no de los grandes
y yo te daré un amor de los pequeños
no de los grandes

El tiempo todo lo devora
especialmente
devora las cosas grandes

(Dido, Eneas, Dante, Beatriz,
Tristán, Isolda, Romeo, Julieta)

pero a veces tiene piedad de la abuela
solitaria y de su gata
les permite llegar a viejas
sin comérselas antes de tiempo.

PROHIBICIÓN

Me han dicho que has prohibido pronunciar
mi nombre en tu casa
como la dictadura prohibió mis libros
mis fotos mis clases

pasé de una dictadura política
a una dictadura privada

pero no lo olvides: todas las dictaduras caen
tarde o temprano

y mientras tú prohíbes pronunciar mi nombre
en tu casa
otra mujer, en mis oídos, lo pronuncia cada
noche, cada mañana,
lo escribe con spray en los bancos de la plaza
y en sus poemas
La mano larga de las dictaduras
no puede taparle la boca
ni borrar la inscripción en el banco de la plaza

Al prohibirme, te has prohibido
pero con una diferencia: mientras otra me nombra
tú no tienes a nadie que te nombre.

MARILYN Y YO

No siempre Marilyn me gustó
digamos que me enternecía

365

toda esa historia de la violación
de pequeña igual que yo

a veces me sentía identificada con ella

pero yo era más sincera: ella dijo que dormía con
Chanel nº 5

yo duermo con dos whiskys y un diazepan diez.
Ahorro mucho en perfume.

Extrañas parejas

Yo quiero hablar de Esmé y de su hermano, del encuentro con un triste soldado
norteamericano de licencia,
de Salinger y de Esmé y de la sordidez,
del idilio entre Marlene Dietrich y Greta Garbo que duró muy poco
porque a ambas les gustaban las mismas mujeres.
Quiero hablar de las películas de David Cronenberg y de los relatos de
                                                                    [William Saroyan
de cómo mis alumnos del preuniversitario quemaron los archivos judiciales
de la dictadura que pretendía expulsarme de la cátedra por izquierdista.
Quiero hablar de la soledad
de las mujeres de los cuadros de Hopper
y de la toma de la Renault en París
en el sesenta y ocho.
Quiero hablar del prominente sexo depilado de mi última amante
y del regreso de las religiones y de los nacionalismos ahora que ya no existe
la utopía comunista
y de los bonobos
esos animalitos ocupados todo el día en follar y acariciarse
algo que todavía nosotros no hemos aprendido a hacer
y consideramos primitivo
porque admiramos un edificio de Norman Foster y un cuadro de Francis Bacon
que amó a su madre y odió a su padre
igual que yo
y murió solitario e ignorado en un hospital de Madrid
porque no encontró a su novio
y a los enfermeros y enfermeras
del hospital de Madrid
su nombre no les sonaba de nada.

Hospital III

En la noche oscura y solitaria del hospital
de pronto se escucha el llanto violento de algún recién nacido
que sale de la planta de maternidad. Recién nacido y ya llora
sabe a lo que viene.

Vejez II

Antes de morir
una última tortura
desdoblarse
para contemplar nuestro pasado
con inédita lucidez
sin sentimientos
quizás solo un poco de ternura
por la niña que fui
solitaria ingenua y soñadora
por la adolescente que fui
solitaria ingenua y soñadora
y observar con ecuanimidad
los errores propios y ajenos
para descubrir que tampoco
importan ya.
Nada nunca
en este mundo
puede deshacer el gran malentendido
a pesar de lo cual no nos suicidamos
porque ya estamos demasiado viejos para eso
o por temor a fallar en el intento
y que ese sea al fin y al cabo
el último error de nuestra vida.

Sin remitente

Sin remitente
Amo a quien amé
el amor solo morirá

cuando yo muera
no antes
porque lo que amé es una fuente inagotable
donde nadan los pájaros del recuerdo
flotan los deseos insatisfechos como peces en el agua
Amo a quien amé
Y la lejanía y la distancia
solo son estrategias
para seguir amando
y que el dolor o la inquina
no destruyan lo sagrado del amor
que es su vida en mi memoria
aunque no te lo merezcas.
El amor no se merece ni se gana
el amor es un don
que se entrega sin remitente

SIMBIOSIS

Soy mi propia madre.
Me parí a mí misma
y me alumbré
después de concebirme
yo me crié a mí misma
y me alimenté
y pasé frío
y pasé soledad
y conocí el dolor de no saber
y la alegría del aprendizaje
yo
devoré mi placenta
bebí mi sangre
y me alimenté de mis tejidos
yo lamí mis heridas con mi propia saliva
y sufrí
lloré en silencio
me envolví en mi dolor y aullé
como una loba herida
yo crecí de mis raíces
y me implanté a mí misma.

Yo fui mi propia madre
y mi hija al mismo tiempo
simbiosis
que ni la muerte destruirá.
Moriré de mi madre y de mi hija.

ÍNDICE DOS POEMAS ORIGINAIS EM ESPANHOL

De *Evohé* (1971)

Dedicatoria 257
Prólogo 257
Invitación 257
[Leyendo el diccionario] 258
Génesis 258
Génesis III 259
Teorema 259
[Las palabras] 260
Oración 261

De *Descripción de un naufragio* (1975)

Dedicatoria 262
XII 262
XXVII 262
XXXII 263
XXXIV 263
XXXIX 265

De *Estado de exilio* (1973-1975)

I 267
Carta de mamá 267
A los pesimistas griegos 267
XI 268
Los exiliados 268
XIV 268
XV 269
XVI 270
XXI 270
El viaje 271
Elogio de la lengua 272

De *Diáspora* (1976)

[Todo estaba previsto] 273
Proyectos 273

[A los poetas que alabaron su desnudez] 273

[Podría escribir los versos más tristes esta noche] 274

[Antes del cese del fuego] 274

Alejandra entre las lilas 274

Aplicaciones de la lógica de Lewis Carroll 275

De *Lingüística general* (1979)

I 276

III 276

VII 276

XIX 277

XXII 277

4ª estación: Ca' Foscari 278

De *Europa después de la lluvia* (1987)

Infancia 278

La nave de los locos 279

Europa después de la lluvia 280

Cifras 280

Símil 281

El regreso de Ulises a la patria 281

Nocturno pluvioso en la ciudad 282

A los amigos que me recomiendan viajes 283

De *Babel bárbara* (1991)

Los hijos de Babel 284

Amar 285

La extranjera 285

La transgresión 285

La pasión 286

El parto 286

De *Otra vez Eros* (1994)

Genealogía 288

Condición de mujer 288

Antropología 289

Filosofía 291

Happy end 291

Final del trayecto 292

Después 293

Leyendo a S. Freud 293

De *Aquella noche* (1996)

Instinto 293
Humildad 294
Mis contemporáneos 294
Teoría literaria 295
Historia de un amor 296
Poetas 297
Contra Flaubert 297
Simulacro 298
Monólogo 298

De *Inmovilidad de los barcos* (1997)

Ecologismo 299
El combate II 299
Segunda vez 300
Lectura 300
Alegría de vivir 300
La fractura del lenguaje de los lingüistas aplicada a la vida cotidiana 301
Oración 302
La falta 302
Biografías 303

De *Las musas inquietantes* (1999)

La seducción 303
El viajero sobre el mar de nubes 304
El origen del mundo 304
Las musas inquietantes II 305
Así nace el fascismo 306

De *Estrategias del deseo* (2004)

Vivir para contarlo 306
Estrategias del deseo 307
Miedo 307
Un ciclo entero 308
Le sommeil, de Gustave Courbet 309
Exuberancia 311
Barnanit V 311
Querida mamá 312
La musa rebelde 312
Despedida de la musa 313
Once de septiembre 313

De *Habitación de hotel* (2007)

Mi casa es la escritura 315
La invención del lenguaje 317
Considerando 318
Obediencia 319
Amor contrariado 320
Fin de año en el aeropuerto 321
Literatura 322
Literatura II 322
Madurez 323
Asombro 323

De *Playstation* (2009)

Fidelidad 326
Anoche tuve un sueño 327
Convalecencia 328
Convalecencia II 329
Para qué sirve la lectura 329
Punto de encuentro 331
Estado de exilio 333
Marx se equivocó 334
I love Cristina Peri Rossi 335
Formar una familia 337

De *La noche y su artificio* (2014)

La noche y su artificio 338
El amor existe 339
Comunión II 340
Comunión IV 341
Tierra de nadie 342
Condición de mujer 342
El gran espectáculo del mundo 343
Estado de sitio 344

De *Las replicantes* (2016)

Exilio 345
Fecundación 346
Soledad 347
La sexualidad de la literatura 348
Las replicantes 349
DNI 351
4 AM 352

De *La ronda de la vida* (2023)

La ronda de la vida 353

Habitación 424 354

Elogio de la vejez 354

Preocupaciones infantiles 355

Árbol de Navidad 357

Reflejos 358

Hospital en Barcelona 360

Tu muerte no será olvidada 361

Compañera 362

Autobiografía 362

De *Fata Morgana* (2024)

Fata Morgana 363

La nave de los deseos y las palabras 363

Un amor de los pequeños 364

Prohibición 365

Marylin y yo 365

Extrañas parejas 366

Hospital III 367

Vejez II 367

Sin remitente 367

Simbiosis 368

DISCURSO DE CRISTINA PERI ROSSI
PARA O PRÊMIO CERVANTES 2021[1]

Nasci em Montevidéu, Uruguai, no ano de 1941, ou seja, quando, infelizmente, a Europa estava em plena Guerra Mundial. À esquerda da minha casa vivia um velho sapateiro remendão, judeu polonês, milagrosamente salvo do massacre; e à direita, um austero músico alemão com um tapa-olho preto. Quando perguntei à minha mãe, professora do ensino fundamental numa escola laica, gratuita e mista, por que o judeu e o alemão não se cumprimentavam, ela me respondeu: "Na Europa eles teriam se matado". Meu pai, que nasceu no campo e migrou para a capital seduzido pelo que o tango chama de "as luzes do centro", me disse algo muito simples: "A Europa não existe. Você já viu no mapa algum lugar chamado Europa?". Nunca tinha visto. Quando perguntei por que a chamavam de Segunda Guerra Mundial, me explicaram que, apenas vinte anos antes, havia ocorrido a primeira. Também viviam no bairro muitos exilados espanhóis, porque, além de uma guerra cujas razões eu desconhecia, havia, na Espanha, uma ditadura terrível que tinha matado milhares e milhares de pessoas e feito fugir outras tantas. O mundo parecia um lugar muito perigoso fora de Montevidéu. No entanto, a biblioteca do meu tio, funcionário público, culto, grande leitor e ferozmente misógino, me permitiu perceber que sempre havia sido assim. Desde as origens, ou desde os tempos bíblicos, ou desde os gregos e troianos. Os motivos das guerras pareciam sempre os mesmos: a sede de poder e a ambição econômica. Algo tipicamente masculino.

Três livros lidos muito precocemente me comoveram: *O diário de Anne Frank*, *A mãe*, de Maksim Górki, e *D. Quixote de La Mancha*. Este último, com um dicionário ao lado. Foi o mais difícil de ler e o que me provocou sentimentos mais contraditórios. Nunca havia lido um livro em que o autor declarasse que seu protagonista estava louco, mas, ao mesmo tempo,

---

[1] Discurso de Cristina Peri Rossi para a cerimônia de entrega do Prêmio Cervantes 2021, lido por Cecilia Roth. YouTube, 22 de abril de 2022. 13'52". Disponível em: <https://youtu.be/2Ic22Wc3dZA>. Acesso em: 6/3/2025. A tradução para o português é de Diuliane de Castilhos.

me sensibilizava que seu propósito fosse desfazer agravos e estabelecer a justiça, o que me parecia bastante razoável, dado o estado do mundo e do meu próprio bairro, onde muitas vizinhas vinham contar a minha avó, uma viúva que tinha criado sete irmãos órfãos e três filhos — também órfãos —, que seus maridos bêbados batiam nelas ou apostavam o pouco dinheiro que tinham em cavalos ou saíam com prostitutas e maltratavam os filhos. Como eu queria que aparecesse D. Quixote com seu magro Rocinante para salvá--las das surras e maus-tratos. Por outro lado, minha avó me lembrava a Ama de Quixote, porque achava que ler muito fazia perder o juízo e cometer loucuras, embora eu não acreditasse que os maridos daquelas mulheres maltratadas lessem muito e que fosse essa a causa de sua violência.

Eu mesma me irritava quando D. Quixote confundia moinhos com gigantes, e cheguei a pensar que Cervantes, na verdade, ridicularizava sua personagem para nos provar que a empreitada de mudar o mundo e estabelecer justiça era um delírio. Até que, nos capítulos XII, XIII e XIV do livro, me deparei com a história e o discurso de Marcela. Marcela é cobiçada e assediada pelos homens por sua beleza e riqueza. Ela é acusada de ser a responsável pelo suicídio de Grisóstomo, a quem rejeitara, e, num discurso surpreendente, rechaça os homens, o casamento e as relações de poder entre os sexos: reclama sua liberdade e, para isso, se isola da sociedade e busca refúgio no campo, como uma pastora qualquer. "Eu nasci livre, e para poder viver livre escolhi a solidão dos campos", diz. Como Helena, na *Ilíada*, ela amaldiçoa o dia em que nasceu, ou como em Eurípides, Helena se rebela contra a sociedade que considera a beleza o único atributo da mulher.

Dessa forma, Cervantes desmistifica a beleza como atributo feminino e transforma Marcela numa heroína trágica: para preservar sua liberdade diante dos homens que querem possuí-la, dominá-la, ela renuncia à vida social, isolando-se do mundo, fugindo dos homens. Claro que essa heroína seria, mais tarde, descrita como histérica, frígida e neurótica por não assumir o papel que a sociedade patriarcal lhe atribuía. A compreensão que D. Quixote demonstra para com uma personagem feminina real me fez pensar que a loucura pode ser um pretexto para excluir aqueles que esgrimem verdades incômodas, lição que aprendi, evidentemente, pagando um preço muito alto, até hoje. Mas, se nascesse de novo, faria o mesmo.

Meu tio, que era um bom leitor cervantino, nunca me falou sobre essa passagem, assim como me alertou que as mulheres não escreviam, e que quando escreviam se suicidavam, como Safo, Virginia Woolf, Alfonsina Storni e outras.

Para mim ficou claro, assim como para Marcela, que, numa sociedade patriarcal, ser mulher e independente era algo estranho e suspeito. Quando o júri (a quem agradeço a honra deste prêmio) enumera os motivos pelos quais o concedeu a mim, fala de uma firme e completa vocação literária, mas também reconhece uma luta pelos valores humanos tantas vezes violados pelo poder político ou cívico-militar. Tive que me exilar da ditadura uruguaia porque, como Cassandra, eu havia advertido e denunciado sua chegada, e, como castigo, meus livros, e até a menção ao meu nome, foram proibidos; salvei minha vida milagrosamente e vim parar na Espanha, onde outra ditadura feroz oprimia a liberdade. Transformei a resistência em literatura, como fizeram tantos exilados espanhóis, e em vez de renunciar à sociedade, como Marcela, através dos meus livros, da minha vida, tentei, como uma Dona Quixote, "desfazer" agravos e lutar pela liberdade e pela justiça, embora não de forma panfletária ou realista, mas alegórica e imaginativa. Não precisamos duplicar a realidade, mas sim ironizá-la ou interpretá-la, como fez Jonathan Swift, por exemplo. A literatura é compromisso, já o disse Jean-Paul Sartre, e compromisso é tudo, desde um artigo contra Putin ou uma homenagem às mulheres estupradas e martirizadas em Juárez, até os contos de Cortázar. Não seria compromisso satirizar, por exemplo, os excessos da tecnologia, a morbidez dos programas de televisão ou os ritos festivos dos fanáticos por futebol? Tão compromisso quanto escrever um poema lírico que exalte o desejo entre duas mulheres ou entre um homem e uma mulher. A imaginação também é compromisso, quando não antecipação. Não fui cronista da realidade, muitas vezes me senti como Cassandra, na *Eneida*, vaticinando um futuro e perigos que poucos viam. Mas não concebo uma literatura solene. A vida pode ser uma tragédia, um drama, mas podemos ironizar e satirizar seus hábitos e costumes, como fez Pessoa com seu poema "Todas as cartas de amor são ridículas". Sim, e além disso, são doces ou cruéis ou amorosas ou degradantes.

O século XX praticamente começou com uma guerra mundial e terminou com outra local, a dos Bálcãs, e levou Paul Valéry a escrever uma definição clarividente: "A guerra é um massacre entre pessoas que não se conhecem em benefício de pessoas que se conhecem, mas não se massacram".

Às vezes meu espírito se turva pelo medo de que a maldade e a violência sejam, na verdade, uma constante da existência humana, e a luta entre o Bem e o Mal se eternize, ou seja ridicularizada, como ocorre no próprio livro de Cervantes. Mas, quando ouço a ária de Sansão e Dalila, "Mon coeur s'ouvre à ta voix", cantada por Jessye Norman, ou "Je suis malade" por Lara Fabián, ou "Algo contigo" por Susana Rinaldi, recupero uma parte da fé no bem.

Enquanto alguns se dedicam fanaticamente a ficar ricos e a dominar as fontes de poder, outros nos dedicamos a expressar as emoções e fantasias, os sonhos e os desejos dos seres humanos.

Escrevi num poema: "Os antigos faraós/ ordenaram aos escribas:/ consignar o presente/ vaticinar o futuro".[2] Acredito que esse continua sendo o compromisso do escritor, sem nenhuma solenidade, e com um salário pífio. E com humor, como quando escrevi este breve poema: "Poderia escrever os versos mais tristes esta noite,/ se os versos fossem uma solução".[3]

Eu poderia escrever os versos mais agradecidos esta noite e cumpriria com meu dever de escriba, mesmo que os versos não salvassem aqueles que morrem por bombas e mísseis na culta Europa.

Lendo livros, sejam de Luis Cernuda ou de César Vallejo, confirmei o que minha mãe me dizia: quanto mais sabemos, menos sabemos, por isso a virtude cardinal é a humildade. Confirmei, também, que a literatura responde ao ensinamento evangélico: "Falo em parábolas para que entendam aqueles que querem entender". Também eu escrevo em parábolas.

Como escrevi em um poema:

Palavras são espectros
pedras abracadabras
que rompem os selos
da memória antiga

E os poetas celebram a festa
da linguagem
sob o peso da invocação

Os poetas acendem as fogueiras
que iluminam os rostos eternos
dos velhos ídolos

Quando os selos se rompem
o homem descobre
a marca de seus ancestrais

---

[2] "Lo fatal (Rubén Darío)", de *Estrategias del deseo* (2004).

[3] "Poderia escrever os versos mais tristes esta noite", de *Diáspora* (1976), p. 54 deste volume.

O futuro é a sombra do passado
nas brasas vermelhas de um fogo
vindo de longe,
não se sabe de onde.[4]

---

[4] "Poética", de *Otra vez Eros* (1994).

O TREM DO DESEJO

Ayelén Medail

Convivo com a poesia de Cristina Peri Rossi desde muito nova e continuo a me entusiasmar a cada novo livro seu. Sua carreira literária foi reconhecida recentemente com o maior galardão da língua espanhola, o Prêmio Cervantes de Literatura, em 2021, e um dos prêmios mais importantes da literatura latino-americana, o Prêmio José Donoso, em 2019. Peri Rossi tem hoje 83 anos e continua a escrever — e muito. É impossível ocultar a imensa alegria que sinto com esta antologia, a primeira a apresentar sua poesia ao público brasileiro.

Para a literatura da América Latina, entendida como um sistema plurilíngue, é da maior relevância contar com uma das autoras mais versáteis da literatura hispano-americana. Para a poesia brasileira, é a oportunidade de abrir um diálogo com uma poeta dotada de uma voz única, inconfundível e inovadora, que já ultrapassa meio século — seu primeiro livro, *Evoé*, data de 1971 — e é, ainda hoje, pouco estudada no Brasil, inclusive no âmbito acadêmico. Cristina Peri Rossi, por sua vez, é exímia conhecedora da cultura brasileira. Traduziu para o espanhol *Angustia*, de Graciliano Ramos (Alfaguara, 1978), e *Lazos de familia*, de Clarice Lispector (Montecinos, 1988), entre outros. Embora não tenha sido a primeira a traduzir Lispector — em 1977, Basílio Losada havia traduzido *Cerca del corazón salvaje* —, foi graças às suas traduções que a escritora brasileira se tornou conhecida na Espanha. Quanto a seu conhecimento da poesia brasileira, basta dizer que ela insere versos de João Cabral de Melo Neto no poema "VII" de *Linguística geral* (1979). Trata-se, em suma, de uma escritora completa que, além de poeta, é também autora de contos e romances de primeira linha, ensaísta de mão cheia, jornalista e tradutora, e integra a primeira geração de escritores que sucedeu o *boom* da literatura latino-americana dos anos 1960 e 70.

Nascida em Montevidéu, Uruguai, em 12 de novembro de 1941, Cristina Peri Rossi ingressou na cena literária de seu país com um livro de contos, *Viviendo* (Alfa, 1963), enquanto cursava a licenciatura em Língua e Literatura no Instituto de Professores Artigas. Antes de publicar seu primeiro romance, *El libro de mis primos* (Editorial Marcha, 1969), havia fundado a revista literária *Latitud Sur* (1967) e já colaborava com textos críticos no célebre semanário *Marcha*, a convite do escritor e crítico uruguaio Ángel Rama. Em 1972, Peri Rossi partiu para o exílio. Fazia cinco anos que escrevia artigos para o jornal *El Popular*, veículo de comunicação do Partido Comunista Uruguaio, e seu nome já havia chegado aos ouvidos dos militares, que, com crescente influência política, tomariam o poder em 1973.

A ditadura é um denominador comum da "Nossa América", termo cunhado pelo cubano José Martí (1853-1895), e um marco que desloca e reposiciona a literatura latino-americana na cena literária "ocidental" (como é chamado tudo o que é europeu ou norte-americano). Digo "desloca e reposiciona" porque nessa época inúmeros escritores da América Latina partem e buscam asilo político na Europa e nos Estados Unidos. Peri Rossi chega à Europa levando pouquíssimos livros físicos, mas muitos na cabeça, ainda por escrever. Uma de suas maiores perdas ao partir para o exílio, dirá em uma entrevista concedida ao escritor e professor uruguaio Néstor Sanguinetti em 2019, foi sua biblioteca de mais de três mil exemplares.

No poema "Para que serve a leitura?", do livro *Playstation* (2009), escreve sobre sua vida antes do exílio:

> Na época os livros pareciam a coisa mais importante da vida
> [...]
> montei uma boa coleção de livros
> ocupavam a casa inteira
>
> tinha livros em toda parte
> menos no banheiro
>
> que é o lugar onde estão os livros
> das pessoas que não leem

Antes de sair de Montevidéu, Cristina Peri Rossi já desfrutava de reconhecimento na literatura de seu país. Havia recebido o Prêmio de Narrativa Arca, em 1968, por seu livro de contos *Los museos abandonados* e, no ano seguinte, o Prêmio de Romance do semanário *Marcha* por *El libro de mis primos* (1969). Porém, foi seu primeiro volume de poemas que causou um verdadeiro rebuliço na sociedade uruguaia — *Evohé* (Girón, 1971), o grito das bacantes, ressoava num contexto social politicamente conturbado, e até parte da esquerda se espantou com o teor homoerótico do livro. Seu grito de desejo incomodava.

No poema "Prólogo", que abre o livro, Cristina Peri Rossi escreveu:

As mulheres são livros que é preciso escrever
antes de morrer
antes de ser devorada
antes de acabar castrada.

E assim se manifesta, já nas primeiras linhas de sua obra, o que considero o motor de sua poesia: o desejo, entendido num sentido amplo. Um *Eros* que, como aponta com precisão a professora e crítica espanhola María Jesús Fariña Busto (2017), abarca inúmeras dimensões, incluindo o desejo de ler e escrever, presentes já na infância da autora. Seu tio — dono da primeira biblioteca que ela frequentou e da qual leu vorazmente cada exemplar —, entretanto, lhe advertia que mulheres que escrevem acabam se suicidando. Conversavam sobre Safo, Virginia Woolf, Alfonsina Storni, as três únicas mulheres nas estantes androcêntricas do tio Tito. Mas, sabemos, nem toda escritora tem esse destino, não é mesmo? Rebelde e fiel à sua personalidade, nossa poeta também desafiou o presságio do tio, rompendo com sua versão patriarcal da história literária.

E sim, falo em "versão" porque foi exatamente o solo uruguaio que viu nascer outras duas poetas gigantes, que optaram por escrever até as últimas consequências: Delmira Agustini (1886-1914) e Juana de Ibarbourou (1892-1979). Delmira, "a maior de todas nós", comentou Alfonsina Storni com Gabriela Mistral em 1926. Delmira, cujo nome os jornais uruguaios estamparam em letras de fogo, em 1914, ao tornar-se vítima de feminicídio, inaugurando a crônica policial do Uruguai. Delmira, a "divorciada do modernismo", como afirma Tamara Kamenszain.[1] A primeira mulher a se divorciar nesta parte do mundo — no Uruguai, a partir daquele ano, as mulheres podiam solicitar o divórcio e foi isso que Delmira fez, porém faleceu nas mãos do ex-marido, no quarto onde continuavam a se encontrar como amantes depois do divórcio. Delmira se rebelou não apenas com relação aos costumes, mas também dentro da estética do modernismo hispano-americano, e não só por abordar o erotismo pela perspectiva da mulher, mas também ao inovar no uso das formas métricas e incorporar o verso livre.

Juana de Ibarbourou viria a preencher o vazio provocado pela morte de Delmira Agustini ao despontar com *Lenguas de diamante* (1919), livro

---

[1] Tamara Kamenszain, "A divorciada do modernismo (Delmira Agustini)", em *Fala, poesia* (São Paulo, Azougue/Circuito, 2015).

de poemas que invocava a lírica erótica de sua predecessora ao mesmo tempo que dava continuidade a sua estética disruptiva. Em 1929, Ibarbourou foi consagrada como "Juana de América" após um rito bastante curioso: recebeu um anel das mãos do poeta nacional Juan Zorrilla de San Martín, simbolizando seu casamento com o continente. O reconhecimento de Juana de Ibarbourou é de tal magnitude, que ainda hoje é aclamada como a poeta mais importante do Uruguai. Peri Rossi, numa entrevista concedida em 2021 por ocasião do lançamento da antologia *Detente, instante, eres tan bello* (Caballo Negro, 2021), concordou com essa visão, respondendo que Juana era sua poeta predileta entre as uruguaias. Como leitora e pesquisadora da literatura hispano-americana de autoria feminina ancorada neste século XXI, penso que, se Delmira foi a divorciada e Juana a esposa, Cristina Peri Rossi talvez seja, simultaneamente, a amante apaixonada e a exilada da literatura.

Voltemos aos poemas. Peri Rossi tem plena consciência da riqueza da tradição da poesia escrita por mulheres no Uruguai. Em *Linguística geral* (1979), ela escreve:

> Todo poeta sabe que está no final
> de uma tradição
> e não no começo
> por isso cada palavra que usa
> reverte,
> como as águas de um oceano interminável,
> a mares anteriores

E não apenas de mulheres uruguaias é feita a tradição da escrita de autoria feminina em Peri Rossi; seu poema "Genealogia" é dedicado a Safo, Virginia Woolf e outras:

> Doces antepassadas minhas
> afogadas no mar
> ou suicidadas em jardins imaginários
> trancadas em castelos de muros lilás
> e arrogantes
> esplêndidas em seu desafio
> à biologia elementar
> que faz da mulher uma parideira
> antes de ser de fato uma mulher

soberbas em sua solidão
e no pequeno escândalo de suas vidas

Têm seu lugar no herbário
junto a exemplares raros
de variada nervura.

Concomitantemente, Lewis Carroll e Gustave Flaubert, bem como seus contemporâneos que se exibem como "machos no cio", têm sua misoginia exposta e inquirida. "A adventícia, a perturbadora, a desordenadora dos sexos, a transgressora" questiona tudo com eloquência, ciente de que esse não é um atributo exclusivo dos homens. Sua crítica, porém, é direcionada, nunca generalizada, abrindo espaço para escritores homens que ganham em sua obra um reconhecimento constelado:

e eu não tinha sapatos novos
mas não me faltava um Faulkner ou um Onetti
[...]
tive meus Pavese meus Salinger meus Sartre meus Heidegger
meus Saroyan meus Michaux meus Camus meus Baudelaire
meus Neruda meus Vallejo meus Huidobro
sem falar dos Cortázar ou dos Borges

Sua "Condição de mulher", expressão que intitula dois de seus poemas incluídos nesta antologia, também lhe possibilita uma sintonia profunda com mulheres nas mais diversas situações, como ocorre com Marilyn Buck, prisioneira branca condenada por ajudar uma negra a escapar da prisão, e que, numa penitenciária do Texas, aprendeu espanhol para traduzir um livro de Cristina, *Estado de exílio*. A sororidade de Marilyn Buck é o que mais impressiona Peri Rossi, e sua determinação em aprender uma língua para traduzi-la se torna um verdadeiro "ato poético". A condição feminina leva a poeta a denunciar as injustiças do sistema patriarcal para além da literatura, solidarizando-se com as vítimas da contínua onda de feminicídio que ocorre em Ciudad Juárez, no México, desde o início da década de 1990. Fato que ela fez questão de lembrar em seu discurso de agradecimento ao Prêmio Cervantes.

No poema "Simulacro", do livro *Aquela noite* (1996), entretanto, a condição *fake* de mulher convencional lhe serve para — num movimento de acentuada ironia — escapar dos vendedores porta a porta, e assim voltar...

à velha máquina de escrever:
único espaço
sem maridos
sem vendedores
sem catálogos.

Porque, para Cristina Peri Rossi, a escrita é sua casa. Uma casa habitada pela poesia, mas também por outras linguagens artísticas. Amante da pintura, por exemplo, dá a ela um lugar de destaque em sua obra, a ponto de dedicar um livro inteiro, *As musas inquietantes* (1999), a algumas obras-primas das artes plásticas. Nele, a poeta passeia por quadros de Paolo Uccello, Gustave Courbet e De Chirico, entre outros, inserindo-se assim na tradição de poemas sobre pintura que inclui autores como Paul Éluard, Rafael Alberti, Octavio Paz e muitos outros. No prólogo da primeira edição, o poeta espanhol Pere Gimferrer destaca que o exercício de Peri Rossi nesse livro não é de mera contemplação, mas sim de atividade, produzindo uma "crítica do visível". Crítica que se torna evidente em um poema como "Assim nasce o fascismo", escrito a partir do quadro *Aula de violão*, de Balthus:

No campo de concentração
da sala de música ou ergástulo,
a fria, impassível professora de violão
(Ama rígida e altiva)
estira em seu colo o instrumento:
[...]
Executa a antiga partitura
sem paixão
sem piedade
com a fria precisão
dos papéis patriarcais.

A música, outra de suas grandes paixões, está presente nas situações mais cotidianas: Vivaldi acompanha uma relação amorosa no poema "Um ciclo inteiro", e Mina, a esplêndida cantora italiana, é a trilha-sonora de uma cena em que um homem telefona de um orelhão numa noite de chuva, em "Noturno pluvioso na cidade". Em "Fidelidade", a poeta confessa sua paixão pela intérprete italiana, que a acompanha desde a juventude, ainda em Montevidéu, e, por distintas formas de transmissão, acaba marcando o passo do tempo em sua vida — de vinte em vinte anos.

A música também marcou a amizade da poeta uruguaia com Julio Cortázar: dois cronópios, sem dúvida. Em seu livro *Julio Cortázar* (2001), ela conta que na primeira carta que o escritor argentino lhe enviou depois de se conhecerem em Paris, datada de 13 de fevereiro de 1974, a música foi o tema escolhido para quebrar o gelo: "Não sei se você gosta das canções de Joan Baez, se prefere o jazz dos velhos tempos ou o jazz moderno".

E assim como o jazz se abre ao improviso, a poesia de Cristina Peri Rossi se abre para o mundo não como cenário, ou tema, mas sim enquanto forma de existir. São versos atravessados por um desejo que irrompe como força vital, letras que corporificam a dissidência e, ao mesmo tempo, a invenção de uma linguagem outra — uma poética do corpo que desafia as normas do dizer. Na sua obra, o erotismo faz do corpo e da letra um campo político, como no poema:

Aos poetas que louvaram sua nudez
eu direi:
bem melhor do que ela tirando o vestido
é ela desfilando pelas ruas de Nova York
— Park Avenue —
com um cartaz que diz:
"Je suis lesbienne. I am beautiful".

Há aí, além de uma crítica à objetificação que oprime as mulheres, um louvor ao orgulho lésbico, à beleza não heteronormativa e à luta social e política. Uma crítica que abarca as sociedades patriarcais que organizam politicamente a vida no planeta e seus regimes políticos opressivos. Sem abrir mão do humor e do sarcasmo, ela denuncia no poema "XXI" de *Estado de exílio* (2003):

Chamavam-no A Múmia. Com dois golpes
era capaz de matar alguém.
Usavam-no para amaciar
os recém-chegados,
ou para dar cabo dos torturados.
Não comia peixe
porque uma vez tinha se engasgado
com uma espinha
e doeu.

Vários críticos apontam *Estado de exílio* como um divisor de águas na poética de Cristina Peri Rossi.[2] Embora a crítica à opressão das mulheres nunca tenha sido posta de lado, a situação política das ditaduras e o exílio como consequência ganharam gradualmente um lugar central em sua poesia. O livro lhe valeu o XVIII Prêmio Internacional de Poesia Rafael Alberti, e não é para menos. Na primeira página, somos confrontados com um sentimento que marcou muitos latino-americanos nos obscuros anos de ditadura:

> Tenho uma dor aqui,
> do lado da pátria.

Uma dor que, infelizmente, continua se renovando a cada avanço da extrema-direita pelo mundo. A situação dos exilados e daqueles que emigram para a Europa é observada com acuidade em vários de seus poemas. Neles desfilam desde um matemático uruguaio morando num quartinho sem banheiro em Paris até enfermeiros imigrantes nos hospitais espanhóis ou garçons explorados, cujas condições a levam a disparar críticas históricas ("para isso se fez a revolução bolchevique?") ou filosóficas ("Para isso triunfou o capitalismo?/ Catorze horas selvagens").

Uma ironia afiada lhe permite manifestar seu engajamento político, expondo a hipocrisia do mundo sem cair no panfleto. No poema "Antes do cessar-fogo", por exemplo, de *Diáspora* (1976), a crítica se dirige à guerra do Vietnã, quando o soldado estadunidense John O'Neal Rucker é homenageado com pompa e circunstância, enquanto

> O nome do último vietnamita morto
> nunca foi divulgado pelas agências de notícias.
> Não se sabe se porque carecia de pais
> de fotografias
> ou noites de gala.

O exílio atravessa sua vida, sua literatura e sua poética.

> Desde então
> sofro do trauma do viajante

---

[2] Ver Jesús Gómez-de-Tejada (org.), *Cristina Peri Rossi. Erotismo, transgresión y exilio: las voces de Cristina Peri Rossi* (Sevilha, Editorial Universidad de Sevilla, 2017) e Rómulo Cosse (org.), *Cristina Peri Rossi: papeles críticos* (Montevidéu, Linardi y Risso, 1995).

se fico na cidade me angustio
se parto
tenho medo de não poder voltar
[...]
Partir
é sempre partir-se em dois.

Experiência traumática da qual é possível se salvar através do amor (a barca), de Eros (o barqueiro) e da escrita. Estamos diante de mais uma de suas "Estratégias do desejo" (poema do livro homônimo de 2004) — o desejo de viver que a lançou ao exílio numa terra distante para continuar a escrever.

Nesse sentido, penso que a metáfora do "trem do candombe" uruguaio, no qual três tambores produzem linhas musicais enlaçadas e interdependentes, talvez seja adequada para falar de sua poética. Ao apresentar os toques do candombe, os músicos costumam empregar a imagem de um trem: o *tambor chico* é o trilho, firme e constante, por onde circula o trem, que é o *tambor piano*, pesado e consistente. Já o *tambor repique* é a locomotiva, o fogo que arde conduzindo a música. Na obra de Cristina Peri Rossi, a linguagem é o trilho pelo qual se movimenta o trem da poesia, impulsionado pela locomotiva, o desejo.

É o desejo também que move esta antologia: o desejo de apresentar às leitoras e aos leitores brasileiros uma poesia insubmissa, da qual ninguém sai ileso. Uma poesia que parte do feminismo, do homoerotismo, do exílio e de uma paixão obsessiva pela palavra para nos conectar com o mundo e com uma profunda e renovada vontade de viver.

REFERÊNCIAS BIBLIOGRÁFICAS

COSSE, Rómulo (org.) *Cristina Peri Rossi: papeles críticos*. Montevidéu: Linardi y Risso, 1995.

FARIÑA BUSTO, María Jesús. "Donde habita el deseo. Eros y el lenguaje poético". In: *Cristina Peri Rossi. Erotismo, transgresión y exilio: las voces de Cristina Peri Rossi*. Jesús Gómez-de-Tejada (org.). Sevilha: Editorial Universidad de Sevilla, 2017.

GIMFERRER, Pere. "Prólogo". In: PERI ROSSI, Cristina. *Las musas inquietantes*. Barcelona: Lumen, 1999.

GÓMEZ-DE-TEJADA, Jesús (org.). *Cristina Peri Rossi. Erotismo, transgresión y exilio: las voces de Cristina Peri Rossi*. Sevilha: Editorial Universidad de Sevilla, 2017.

KAMENSZAIN, Tamara. *Fala, poesia*. Rio de Janeiro: Azougue/Circuito, 2015

MISTRAL, Gabriela. *La tierra tiene la actitud de una mujer*. Pedro Pablo Zegers (org.). Santiago: RIL, 1998.

NARVÁEZ, Carlos Raul. "La poética del texto sin fronteras: *Descripción de un naufragio, Diáspora, Lingüística general*, de Cristina Peri Rossi". *Inti: Revista de Literatura Hispánica*, vol. 1, nº 28, 1988, pp. 75-88.

PERI ROSSI, Cristina. *Julio Cortázar*. Barcelona: Omega, 2001

_____. Entrevista a Cristina Peri Rossi: "Cita en Montevideo": Textos de Cristina Peri Rossi. [Entrevista concedida a] Néstor Sanguinetti. *Programa em Perspectiva*, 5/3/2019. Disponível em: <https://podcasts.apple.com/do/podcast/entrevista-n%C3%A9stor-sanguinetti-cita-en-montevideo-textos/id987536687?i=1000698288641>. Acesso em: 18/3/2025.

_____. *Poesía completa*. Madri: Visor, 2021.

_____. Cristina Peri Rossi: "Huí de todas las dictaduras, incluso de las estéticas". [Entrevista concedida a] Agustina Rabaini. *Eterna Cadencia*, 12/7/2021. Disponível em: <https://eternacadencia.com.ar/nota/cristina-peri-rossi-quot-hui-de-todas-las-dictaduras-incluso-de-las-esteticas-quot-/3734?srsltid=AfmBOoq3HWaqowe_OZrNUuBx8w JziFa8Kbjfu5cDfykSHpgqnAlopWKB>. Acesso em: 18/3/2025.

_____. *La ronda de la vida*. Madri: Visor, 2023.

_____. *Fata Morgana*. Madri: Visor, 2024.

BIBLIOGRAFIA COMPLETA DE CRISTINA PERI ROSSI

Poesia:

Evohé: poemas eróticos. Montevidéu: Girón, 1971.

Descripción de un naufragio. Barcelona: Lumen, 1975.

Diáspora. Barcelona: Lumen, 1976.

Lingüística general. Valencia: Prometeo, 1979.

Europa después de la lluvia. Madri: Fundación Banco Exterior, 1987.

Babel bárbara. Barcelona: Lumen, 1991.

Otra vez Eros. Barcelona: Lumen, 1994.

Aquella noche. Barcelona: Lumen, 1996.

Inmovilidad de los barcos. Vitoria-Gasteiz: Bassarai, 1997.

Poemas de amor y desamor (antologia, seleção de Cristina Peri Rossi). Barcelona: Plaza & Janés, 1998.

Las musas inquietantes. Barcelona: Lumen, 1999.

Estado de exilio. Madri: Visor, 2003.

Estrategias del deseo. Barcelona: Lumen, 2004.

Condición de mujer (antologia). Bogotá: Arquitrave, 2005.

Poesía reunida. Barcelona: Lumen, 2005.

Mi casa es la escritura (antologia, organização de María Ángeles Sánchez). Montevidéu: Linardi y Risso, 2006.

Habitación de hotel. Barcelona: Plaza & Janés, 2007.

Runas del deseo (antologia, organização de Ángels Gregori). México: Universidad Autónoma de la Ciudad de México, 2008.

Playstation. Madri: Visor, 2009.

La noche y su artificio. Palencia: Menoscuarto, 2014.

Las replicantes. Palencia: Cálamo, 2016.

La barca del tiempo (antologia, organização de Lil Castagnet). Madri: Visor, 2016.

La balsa de las palabras (antologia). Barba, Costa Rica: Espiral, 2016.

Arqueología amorosa: antologia poética 1971-2018 (organização de Lil Castagnet). Montevidéu: Estuario, 2019.

La vida sexual de las palabras (antologia). Porto Rico: Trabalis Editores, 2019.

La barca de Eros (antologia). Guayaquil: El Quirófano, 2019.

Detente, instante, eres tan bello (antologia). Córdoba: Caballo Negro, 2021.

Poesía completa. Madri: Visor, 2022.

La ronda de la vida. Madri: Visor, 2023.

Fata Morgana. Madri: Visor, 2024.

ROMANCE:

El libro de mis primos. Montevidéu: Biblioteca de Marcha, 1969.
La nave de los locos. Barcelona: Seix Barral, 1984.
Solitario de amor. Barcelona: Grijalbo, 1988.
La última noche de Dostoievski. Madri: Mondadori, 1992.
El amor es una droga dura. Barcelona: Seix Barral, 1999.
Todo lo que no te pude decir. Palencia: Menoscuarto, 2017.

CONTOS:

Viviendo: relatos. Montevidéu: Alfa, 1963.
Los museos abandonados. Montevidéu: Arca, 1969.
Indicios pánicos. Montevidéu: Nuestra América, 1970.
La tarde del dinosaurio. Barcelona: Plaza & Janés, 1976.
La rebelión de los niños. Caracas: Monte Ávila, 1980.
El museo de los esfuerzos inútiles. Barcelona: Seix Barral, 1983.
Una pasión prohibida. Barcelona: Seix Barral, 1986.
Cosmoagonías. Barcelona: Laia, 1988.
La ciudad de Luzbel y otros relatos. Madri: Compañía Europea de Comunicación
    e Información, 1992.
Desastres íntimos. Barcelona: Lumen, 1997.
Te adoro y otros relatos. Barcelona: Plaza & Janés, 2000.
Por fin solos. Barcelona: Lumen, 2004.
Cuentos reunidos. Barcelona: Lumen, 2007.
Habitaciones privadas. Palencia: Menoscuarto, 2012.
Los amores equivocados. Palencia: Menoscuarto, 2015.

AUTOBIOGRÁFICOS:

Julio Cortázar. Barcelona: Omega, 2001.
Julio Cortázar y Cris. Barcelona: Cálamo, 2014.
La insumisa. Montevidéu/Palencia: Casa Editorial Hum/Menoscuarto, 2020.

PERIODISMO:

El pulso del mundo: artículos periodísticos 1978-2002. Cidade do México:
    Universidad Autónoma de la Ciudad de México, 2004.

ENSAIOS:

Alejandra Pizarnik o la tentación de la muerte. Incluído em *Cuadernos
    Hispanoamericanos* 273, março 1973.
Fantasías eróticas. Madri: Temas de Hoy, 1991.
Acerca de la escritura. Zaragoza: Prensas Universitarias de Zaragoza, 1991.
Cuando fumar era un placer. Barcelona: Lumen, 2003.

"Detente, instante, eres tan bello", in Jesús Gómez-de-Tejada (org.), *Erotismo, transgresión y exilio: las voces de Cristina Peri Rossi*. Sevilha: Editorial Universidad de Sevilla, 2017.

Traduções:

Osman Lins. *Avalovara*. Barcelona: Barral, 1975.

Graciliano Ramos. *Angustia*. Madri: Alfaguara, 1978.

Gillo Dorfles. *El devenir de la crítica*. Barcelona: Espasa Calpe, 1979.

Fernando Gabeira. *A por otra, compañero*. Barcelona: Anagrama, 1981.

Monique Wittig y Sande Zeig. *Borrador para un diccionario de las amantes*. Barcelona: Lumen, 1981.

Jean Cocteau. *Oda a Picasso*. Barcelona: José J. de Olañeta, 1981.

Guy de Maupassant. *Historias dulces y amargas*. Barcelona: Bruguera, 1982.

Cartas y música de Abelardo y Eloísa. Palma de Mallorca: José J. de Olañeta, 1982.

Víctor Segalen. *Viaje al país de lo real*. Palma de Mallorca: José J. de Olañeta, 1984.

Clarice Lispector. *Lazos de familia*. Barcelona: Montesinos, 1988.

Clarice Lispector. *Silencio*. Madri: Mondadori, 1988.

Ignácio de Loyola Brandão. *Cero*. Barcelona: Montesinos, 1988.

Charles Baudelaire. *La fanfarlo*. Barcelona: Montesinos, 1989.

André Gorz. *El traidor*. Barcelona: Montesinos, 1990.

Jean Markale. *La vida, la leyenda y la influencia de Leonor de Aquitania*. Palma de Mallorca: José J. de Olañeta, 1992.

Vercors (Jean Bruller). *El silencio del mar*. Barcelona: Plaza & Janés, 1998.

Cartas de Abelardo y Heloísa; Historia calamitatum. Palma de Mallorca: José J. de Olañeta, 2001.

Fortuna crítica (seleção):

COSSE, Rómulo. *Cristina Peri Rossi, papeles críticos*. Montevidéu: Librería Linardi y Risso, 1995.

DEJBORD, Parizad Tamara. *Cristina Peri Rossi: escritora del exilio*. Buenos Aires: Golema, 1998.

DOMÍNGUEZ, Carmen. *La subversión del discurso autoritario en la narrativa de Cristina Peri Rossi*. Nova Orleans: University Press of the South, 2000.

FILOU, Mary Bouffs. *Confronting Patriarchy: Psychoanalytic Theory in the Prose of Cristina Peri Rossi*. Nova York: Peter Lang, 2009.

GÓMEZ-DE-TEJADA, Jesús (org.). *Cristina Peri Rossi. Erotismo, transgresión y exilio: las voces de Cristina Peri Rossi*. Sevilha: Editorial Universidad de Sevilla, 2017.

GRAÑA, María Cecilia. *"Barloventear y singlar*: la poética compleja de Cristina Peri Rossi". In: GUTIÉRREZ, Milena Rodríguez (org.). *Poetas hispanoamericanas contemporáneas: poéticas y metapoéticas (siglos XX-XXI)*. Boston: De Gruyter, 2021.

MINISTERIO DE CULTURA Y DEPORTE DE ESPAÑA. *Cristina Peri Rossi: la nave de los deseos y las palabras. Homenaje al Premio Cervantes 2021.* Madri: Editorial Universidad de Alcalá, 2022.

PÉREZ, Claudia; SANGUINETTI, Néstor (orgs.). *56 años viviendo con Cristina Peri Rossi*. Montevidéu: Facultad de Humanidades y Ciencias de la Educación de la Universidad de la República/Asociación de Profesores de Literatura del Uruguai, 2019.

ROWINSKY, Mercedes. *Imagen y discurso: estudio de las imágenes en la obra de Cristina Peri Rossi*. Montevidéu: Trilce, 1997.

SOBRE A AUTORA

Cristina Peri Rossi nasceu em Montevidéu, no Uruguai, em 12 de novembro de 1941, filha de Julieta Rossi, professora primária, e Ambrosio Peri, trabalhador têxtil, ambos filhos de imigrantes italianos.

O interesse pela escrita foi precoce: aos nove anos, anunciou um dia à mesa de jantar que seria escritora, para espanto da família — com exceção da mãe, que a introduzira ao amor pela literatura, música e ciência. Mais tarde, frequentou a biblioteca do tio materno, na qual havia apenas três autoras mulheres: Safo, Virginia Woolf e Alfonsina Storni. A respeito da escassa presença feminina em sua biblioteca, o tio lhe disse então que mulheres não escrevem, e quando escrevem, se suicidam. Este episódio, relembrado em muitas de suas falas (ver a respeito, neste volume, o discurso da autora por ocasião do Prêmio Cervantes de Literatura), marcaria sua obra e seu pensamento.

Começa a estudar Biologia na Universidade de Montevidéu, mas se forma em Literatura Comparada pelo Instituto de Professores Artigas, centro de ensino de excelência onde, em 1964, obterá uma cátedra universitária. Paralelamente à docência, dedica-se à escrita e à militância política na esquerda independente, colaborando com o jornal comunista *El Popular* e o semanário *Marcha*.

Em 1963, publica seu primeiro livro, *Viviendo*, que reúne três narrativas breves. Em 1969, saem *Los museos abandonados* (Prêmio de Narrativa Arca) e *El libro de mis primos* (Prêmio Marcha), sendo então reconhecida pela crítica como uma das escritoras mais importantes de sua geração: Mario Benedetti elogia sua originalidade e domínio do ofício e Julio Cortázar lhe escreve uma carta de Paris declarando grande admiração por sua escrita.

Em 1971, publica seu primeiro volume de poemas, *Evoé* (cujo título remete ao grito de êxtase das bacantes na mitologia grega), causando escândalo ao explorar o erotismo lésbico. Nesta época, milita na coalizão de esquerda Frente Ampla como membro independente. Em 1972, sua obra é censurada e a menção a seu nome é proibida nos meios de comunicação. Perde também sua cátedra no Instituto Artigas. Em 4 de outubro de 1972, com 30 anos, foge de barco para a Espanha com sua máquina de escrever, centenas de folhas de papel colorido e um exemplar de cada um de seus livros publicados até então: *Viviendo, Los museos abandonados, El libro de mis primos, Indicios pánicos* e *Evohé*. Era a primeira vez que saía de sua cidade natal. Com o golpe militar no Uruguai em 1973, perde a cidadania uruguaia. Em Barcelona, continua sua luta contra a ditadura uruguaia, escrevendo para a lendária revista *Triunfo*. Porém, é novamente perseguida — desta vez pelo regime franquista

—, o que a leva a exilar-se em Paris em 1974 com a ajuda de seu amigo Julio Cortázar. No final do mesmo ano, retorna a Barcelona e obtém a nacionalidade espanhola. Desde então, vive na Espanha.

Cristina Peri Rossi trabalhou como professora de literatura, tradutora e jornalista, e é palestrante frequente em universidades espanholas e internacionais. Seus inúmeros artigos foram publicados em jornais e revistas como *El País*, *Diario 16*, *La Vanguardia*, *El Periódico de Barcelona*, *El Mundo* e *Grandes Firmas* da Agência EFE.

Escritora profícua e versátil, dedicou-se a todos os gêneros literários (poesia, romance, contos, ensaios e artigos), com mais de quarenta livros publicados e obras traduzidas para mais de vinte idiomas, dentre os quais se destacam, além dos já mencionados, *El museo de los esfuerzos inútiles* (1983), *Solitario de amor* (1988), *Desastres íntimos* (1997), *Los amores equivocados* (2015) e *Todo lo que no te pude decir* (2017). Sobre sua amizade com Julio Cortázar, publicou em 2014 o livro *Julio Cortázar y Cris* e, em 2020, sua autobiografia ficcional, *La insumisa*.

Em 2021, foi a sexta mulher a ganhar o Prêmio Cervantes de Literatura, o mais importante da língua espanhola. Recebeu ainda diversos prêmios e bolsas literárias, entre eles a Bolsa DAAD do governo alemão (1981), a Bolsa Guggenheim (1994), o Prêmio Internacional de Poesia Rafael Alberti (2002, por *Estado de exílio*), Prêmio Don Quijote de Poesia (2005, por *Estratégias do desejo*), Prêmio Lowe (por *Playstation*, 2008), Prêmio Internacional de Contos Mario Vargas Llosa (2010, por *Habitaciones privadas*), Prêmio Iberoamericano de Letras José Donoso (2019) e o Prêmio Bartolomé Hidalgo (2023).

Lutou contra as ditaduras, em defesa do feminismo e dos direitos homossexuais. É considerada a principal escritora do pós-*boom* latino-americano e uma das mais importantes da língua espanhola.

Numa nota biográfica de seu site pessoal, define-se como "uma escritora de mentalidade renascentista, aberta a todas as disciplinas e com interesses variados. Ama animais, detesta touradas, gosta de futebol, ópera, dias cinzentos, Baudelaire, Erik Satie, cinema europeu, cidades portuárias, jogos e biologia. Veste-se de branco e parou de fumar — por saúde, não por prazer. Suas cidades preferidas são Montevidéu, Barcelona, Berlim, São Francisco e Nova York. E sua paisagem eternamente eleita: o mar".

SOBRE OS TRADUTORES

Ayelén Medail nasceu em Entre Ríos, na Argentina, em 1987, e é pesquisadora, tradutora, editora e professora. Graduada em História pelo Instituto Superior de Profesorado Dr. Joaquín V. González (ISP-JVG, Buenos Aires) e em Letras pela Universidade Paulista (UNIP, São Paulo), possui especialização em Educação Sexual Integral com Perspectiva de Gênero (UNSAM, Buenos Aires) e mestrado em Ciências da Comunicação e Cultura pelo Programa de Pós-Graduação em Integração Latino--Americana (PROLAM-USP, São Paulo), onde estudou a poética de Alfonsina Storni, Gabriela Mistral e Juana de Ibarbourou em relação ao ingresso das mulheres no sistema literário. Reside no Brasil desde 2012, onde cursa o doutorado em Letras na Universidade de São Paulo (USP), pesquisando os ensaios de Gabriela Mistral a partir de uma abordagem crítica feminista. É editora da revista acadêmica *Entrecaminos*, do Programa de Pós-Graduação em Letras e Literatura Espanhola e Hispano--Americana da Universidade de São Paulo (PPGLLEHA-USP), e da revista *Canarana*, de arte e cultura. Como professora, atua no Instituto Cervantes de São Paulo. Traduziu, entre outros, *O jardim onírico de Clarice Lispector*, de Daniela Tarazona (DarkSide, 2024), ensaios do livro *Cenas de um pensamento incômodo*, de Rita Segato (Bazar do Tempo, 2023), *Saboroso cadáver*, de Agustina Bazterrica (Darkside, 2022), *A arte do erro*, de María Negroni (100/cabeças, 2021) e *História do leite*, de Mónica Ojeda (Jabuticaba, 2021).

Cide Piquet nasceu em Salvador em 1977 e estudou Letras na USP. É editor, tradutor e poeta. Trabalha na Editora 34 desde 1999, atuando especialmente nas coleções de poesia, literatura russa e literatura estrangeira. Traduziu *20 haicais de Issa*, de Kobayashi Issa (Igarapé, 2020, e-book disponível na internet), *Só para maiores de cem anos*, de Nicanor Parra (Editora 34, 2018, com Joana Barossi), *Esta vida: poemas escolhidos*, de Raymond Carver (Editora 34, 2017), e *Histórias para brincar*, de Gianni Rodari (Editora 34, 2007), entre outros. Publicou traduções de ensaios e poemas em livros, revistas e antologias como *Serrote*, *Piauí*, *Modo de Usar & Co.*, *Escamandro* e *Revista Cult*. De sua autoria, publicou as plaquetes *malditos sapatos: 18 poemas de amor e desamor* (Hedra, 2013, coleção Sem Chancela) e *Poemas e traduções* (Quelônio, 2017), além de colaborações em blogs, revistas e antologias. Ministrou cursos, palestras e oficinas sobre edição e tradução na Casa Guilherme de Almeida, Casa das Rosas, Espaço Cult, Universidade do Livro da UNESP e na Escola de Comunicações e Artes da USP, em São Paulo.

ESTE LIVRO FOI COMPOSTO EM SABON,
PELA FRANCIOSI & MALTA, COM CTP DA
NEW PRINT E IMPRESSÃO DA GRAPHIUM
EM PAPEL PÓLEN NATURAL 80 G/M² DA
CIA. SUZANO DE PAPEL E CELULOSE PARA
A EDITORA 34, EM SETEMBRO DE 2025.